NF文庫
ノンフィクション

死闘の沖縄戦
米軍を震え上がらせた
陸軍大将牛島満

将口泰浩

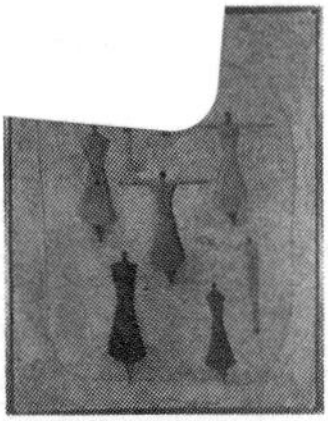

潮書房光人新社

死闘の沖縄戦
米軍を震え上がらせた陸軍大将牛島満
――目次

終章　玉砕 213

死闘の沖縄戦
米軍を震え上がらせた陸軍大将牛島満

序章　摩文仁《まぶに》の丘

◇第三十二軍司令部終焉の地

軍事史上、もっとも苛烈《かれつ》でもっとも有名な戦いである。

英首相ウィンストン・チャーチルは沖縄戦をこう評した。

ニューヨーク・タイムズの従軍記者として南太平洋戦線報道でピュリッツァー賞を受賞した米国の軍事評論家ハンソン・W・ボールドウィンは「叙事詩」と表現した。

沖縄は人間の忍耐力と勇気の叙事詩であった。日本軍の攻撃は創意に満ち、決死的であった。これに対し、米軍が防衛に成功し、沖縄攻略に成功したのは卓越した補給、作戦計画及びその断固たる実施によるものである。

那覇市の中心部から車で三十分、のどかなサトウキビ畑から風景が一変、険しい高地が現れる。隆起珊瑚礁の「摩文仁《まぶに》の丘」である。南には波が白くしぶく蒼海が広がっている。

沖縄戦で日本軍はついにこの南の果てまで追い詰められたのかという感慨が沸き起

こる。

丘上から見渡す海原には船一隻見当たらない。昭和二十（一九四五）年六月二十三日。海上を埋め尽くすように米軍艦艇がひしめき、「兵士諸君、君たちは日本軍人の名を守り通し、よく戦った。しかし、諸君の責任はすでに終わったのである」と降伏勧告の放送を繰り返していた。

山頂から十メートルほど下り、右手の階段を海に向かい降りると、断崖上に鉄製の柵で塞がれた洞窟入り口がある。天然の鍾乳洞で、沖縄戦を戦った第三十二軍司令部が置かれていた。洞窟には出入り口が二カ所あり、陸側とこの海側だった。傍らには「第三十二軍司令部終焉之地《しゅうえん》」の碑と小さな観音像、鉄製の柵の向こうには「勇魂」の碑に第三十二軍司令官の牛島満《うしじまみつる》の肖像画が立て掛けられていた。

沖縄戦を指揮した牛島は自決する場所を丘の山頂八九高地と決めていた。なぜ、司令官室があった洞窟奥ではなく、周囲から目立ち、敵の攻撃を受けやすい山頂を最期の地に選んだのか。自らの死を一刻も早く日本軍と米軍に知らしめ、両軍の戦意を喪失させ、熾烈《しれつ》な戦闘を終わらせるつもりだったのではないだろうか。

だが、米軍は丘の山頂を制圧していた。このため、海上の米艦艇からも、周囲からも確認することができるこの洞窟入り口の断崖上で古武士の作法に則《のっと》り、粛然《しゅくぜん》として

第三十二軍司令部跡壕。牛島満は太平洋
を望む断崖の上で自決した＝摩文仁の丘

自決を遂げた。

　沖縄戦の戦死者は日本軍九万四千百三十六名（うち沖縄県出身二万八千二百二十八名）、住民のうち戦闘参加戦死者五万五千二百四十六名、一般住民三万八千七百五十四名。合わせて十八万八千百三十六名もの犠牲者を出した指揮官の責任を取り、自身の骸《むくろ》を晒《さら》し戦闘終結を図ったのではないだろうか。牛島自決の日が沖縄戦終結の日である。

　矢弾尽き天地《あめつち》染めて散るとても
魂還《たまかえ》り魂還り皇国《みくに》護らん

◇日本軍の激烈な反撃

昭和二十年六月二十二日。米軍上陸から八十三日目。首里陣地から南部の喜屋武《きやん》半島に撤退した第三十二軍司令部が置かれていた洞窟にも米軍が迫っている。すでに司令部周辺を防御していた第六十二師団長の藤岡武雄《たけお》中将も歩兵第六十三旅団長の中島徳太郎中将も前日、参謀とともに自決、あれほど激しかった反撃する日本軍の銃声も聞こえない。

十八万三千名の米軍上陸を迎え撃った日本軍将兵十万名も首里で五万名に減り、南部撤退の際に三万名になっていた。今や戦いを続けられる将兵がどれほど残されているだろうか。

司令部内も十九日夜、第三十二軍参謀長の長勇《ちょういさむ》中将の命令で、各参謀は健在の将兵を集め、遊撃戦を展開する任務を受け、戦地に出撃した。高級参謀の八原博通《やはらひろみち》大佐は沖縄戦の教訓を次期作戦に活用するため生還させ、大本営に連絡する任務を負う。八原は牛島自決後、摩文仁を脱出、米軍の捕虜となる。

相次ぐ決死の斬り込みで将兵は少なくなり、当初は人いきれで息苦しいほどであった洞窟内もがらんとなり、三ヵ月近くも米軍を沖縄に釘付けにした第三十二軍の終わりを感じさせる。

日本軍の激烈な反撃に米軍の損害も大戦中最大で、戦死行方不明一万二千五百二十名、負傷三万六千六百三十一名。米陸軍省は「勝利の代償が高かったのは予想よりもはるかに強大な力を持った日本陸軍に対し、戦いを挑んだことであり、しかもそれが険しい地形に驚くべきほど強固な砦がつくられていたこと、さらに米軍が本土から幾千キロも離れた地で戦ったことなどである」と分析している。

米軍は当初、一カ月で沖縄を攻略し、その後、沖縄を橋頭堡として、本土上陸作戦に移る予定だった。だが、沖縄戦が三カ月も長引き、日本軍の激しい抵抗を目の当りにし、作戦変更を考慮せざるを得なくなった。

◇牛島の生涯の終わりと終戦

六月二十二日正午ごろ、軍司令部洞窟の垂直坑道《こうどう》を防御していた衛兵が米軍に急襲され全滅、米兵が投げ込んだ爆薬と手榴弾が爆発。将兵十数人が死傷し、洞窟から脱出することを拒み、第三十二軍と運命を共にすると言った女性二名も負傷した。爆風で参謀長室も吹き飛んだが、長は司令官室に居り、無事で、牛島は寝台の上で泰然《たいぜん》と座禅をしたままだった。

自決の際、牛島が着用する白の肌着は司令部付軍属の崎山章子が縫ってくれたものだった。数日前、崎山や嘉納ヤスら女性軍属を呼んだ。

「崎山さん、あなたのご両親は本土で健在なんだから、是非生き延びてください。嘉納さん、あなたは国頭の親元に帰るように頑張ってください。私は陰からあなた方の無事を祈ります」

牛島は記念にと、崎山に愛用のカフスボタンを、嘉納に金メッキの耳かきを渡し、念押しに言葉を重ねる。

「たとえ、戦争がどうなろうとも、あなた方若い人たちは決して死んではいけません」

翌日の二十三日、電報班長が牛島の下に駆け寄り報告をする。

「崎山章子ほか二名の女性軍属が自決しました」

無念を噛み締めるように牛島は静かに黙禱《もくとう》、三名の死を悼《いた》んだ。

牛島と長の自決を翌黎明《れいめい》に控えた二十二日夜、最後の晩餐会が開かれた。缶詰の空き箱を利用した寝台に腰掛ける牛島の周囲に生存者が集まる。この日のためにとって置いたスコッチウイスキー「キング・オブ・キングス」が開けられ、グラスが回される。残っていたパイナップル缶も全部開け、通路を通る将兵や中学生たちに牛島がフォークに刺して差し出す。恐縮し両手で押し戴《いただ》こうとすると、「いかん、口を開けなさい」と一人ひとり口の中に入れる。

わずかの酒ではあるが、幾分陽気になり、長お得意の義太夫《ぎだゆう》「唄入り観音経」の声が洞窟内に朗々と響きわたる。

「軍司令官閣下、あなたは死なれても極楽でしょう。私は今日までの悪行でどうせ地獄落ちです。三途の川でお別れしなければなりません」

「いやいや、私は日支事変以来、多数の兵士たちを失い、この度の沖縄戦でも多数の犠牲者を出しましたから、どうせあなたと一緒に地獄行きですよ」

「それでは三途の川では私が閣下を背負ってお渡ししましょう」

そう笑いながら、長は剣道五段の副官、坂口勝中尉《さかぐちまさる》に向かい、「俺の介錯《かいしゃく》の時は右手を挙げて合図をするから、それに合わせてやってくれ」と頼む。右手首を負傷していた坂口は数日前、軍刀を数度振り、「閣下、ようやく軍刀が振れるようになりました」と牛島に報告していた。経理部長の佐藤三代治《さとうみよじ》大佐もことさらに明るく言う。

「私は年配だからお先に楽に行かせてもらいましょう」

摩文仁を包む漆黒の闇が幾らか白み始め、暁闇《ぎょうあん》を迎えようとしている。断崖にあり合わせの白い布三枚が敷かれている。

軍服姿の牛島が洞窟から出て、銘刀「来国俊《らいくにとし》」を手に端然《たんぜん》と座る。長も手には「三池典太《みいけてんた》」、上着を脱ぐと、白い肌着には「忠則盡命 盡忠報國 長勇」と鮮やかに墨書されている。

牛島が刀を手にすると、佐藤が「お先に失礼」と拳銃をこめかみに当て引き金を引く。銃声が摩文仁を包んでいた払暁《ふつぎょう》の静寂《しじま》を破った。

銃声を合図に牛島が抜刀、坂口の気合いとともに軍刀が首筋に打ち下ろされた。昭和二十年六月二十三日午前四時三十分。薩摩に生まれ、日本の干城《かんじょう》を志した牛島の生涯が終わる。この瞬間、沖縄戦も終わった。

◈英霊が守り抜いた日本

ボールドウィンはこの日米最後の決戦を、

もっと大規模な陸戦、もっと長期間の航空戦はあったが、沖縄戦は陸海空合同作戦として最大規模のものであり、空中、海上、海中、陸上の至るところで戦わ

第三十二軍を慰霊する「黎明の塔」＝摩文仁の丘

れたのである。

と結論付け、次のように続ける。

沖縄戦は何もかも悪い意味で最上級だったといえる。これに比べれば、有名な英国の航空戦などは足下にも及ばなかった。航空機対艦艇、航空機対航空機のこれほど苛烈な戦いは今までもなかったし、これからも二度とないだろう。

米海軍はこれほどの短期間にこれほど多くの艦艇を失ったことはかつてなかった。かつて地上戦でこれほどの短期間に、こんなに狭小な地域で、これほど多くの米国人の血が流れたことも一度もなかった。三カ月の戦いで敵がこれほどの大損害を受けたこともおそらくこれが初めてであったであろうが、米軍死傷者の最終集計は日本との他のいかなる戦いよりも高かったのである。

米軍が計画していた本土上陸作戦は実行されなかった。本土進攻が実施されたらどうなっていただろうか。ボールドウィンは「高価な代償を払った沖縄の教訓を生かさなければならなかっただろう」としている。

戦争において人間の意志が占める地位は、この機械の時代においてなお、勝利と敗北を決定する、目に見えない基本的要素の一つ、否おそらくは決定的要素そのものである。

日本軍は高い戦意を持っていた。だが、それは否定の哲学——宿命論的な死の意志の上に築かれていた。沖縄では死のうとする意志と生きようとする意志が真っ向から激突したのである。沖縄の場合は圧倒的物量に支えられ、生きようとする意志が勝利した。

しかし、戦争において、生きようとする意志は利己心から発したものであってはならないこと、あるいは大義のため喜んで死ぬ者が大義よりも生命を優先させる者を敗北させることを肝に銘《めい》じなければならない。

米軍の従軍記者の目にこれほどに脅威に映った沖縄戦三カ月の死闘は、米軍の本土上陸を躊躇《ちゅうちょ》させ、沖縄戦の十八万八千百三十六名の英霊が日本を守ったのは紛れもない事実である。

第一章　武人への道

◇維新の偉人を輩出した加治屋町

鹿児島市加治屋《かじや》町。JR鹿児島中央駅からフェニックス繁るナポリ通りを鹿児島湾方向に歩くと、甲突《こうつき》川にかかる石造りのアーチが美しい高麗橋に差し掛かる。市内を南北に分け、錦江湾に注ぐ甲突川には玉江橋、新上橋、西田橋、そして高麗橋、武之橋という石橋がかかっている。いずれも肥後の石工、岩永三五郎の手になるもので、高麗橋上からは噴煙が上がる雄々しい桜島を望む。だれもがイメージする鹿児島らしい風景だ。この一帯が維新のふるさと「奇跡の町」といわれる加治屋町である。

薩摩藩時代には下級武士の居住地だった。薩摩は年貢を納める農民よりも、半農半士の武士のほうが多く、特に加治屋町は貧しい下級武士が多く、武士といっても手に職を持っていた。幕末、この小さな町から、西郷隆盛や大久保利通が生まれ育ち、明治以降も東郷平八郎《とうごうへいはちろう》、西郷従道《さいごうつぐみち》、大山巌《おおやまいわお》らの偉大な軍人を輩出した。甲突川河畔を歩くと、「西郷隆盛・従道誕生の地」や「大久保利通生い立ちの地」の石碑があり、下流には「沖縄軍司令官　牛島満大将生い立ちの碑」が立っている。

なぜ、ここからこれほど多くの偉大な男が育ったのだろうか。それは薩摩独特の教育システムである郷中《ごじゅう》教育と無関係ではない。

郷中とは町内の区画のことで、その地域に住む武士の青少年を六歳から十歳を小稚児《こちご》、十一歳から十五歳を長稚児《おせちご》、十五歳以上から二十五歳を二才《にせ》、結婚している男を長老《おせんし》に分け、舎と呼ばれる家に泊まり込み、武士としての心得や示現流《じげんりゅう》などの武術、学問、山坂達者《やまさかたっしゃ》を通じて、先輩が後輩を指導することにより、強い武士をつくるための教育システムで、切腹の作法までも教わることもあった。

島津忠良《しまづただよし》が完成させた四十七首の「日新公《じっしんこう》いろは歌」を基本にして、武道第一、武士道の本義を油断なく実践せよ、仲間との連帯を重んじよ、軽薄な言動を慎め、決して嘘を言うな、負けるな、弱いものいじめをするな、山坂を歩いて体を鍛えよ、質実剛健たれ、金銭欲利欲をもっとも卑しむべきこと――などの掟がある。

小稚児の時は先輩の家で読み書きを習い、身体を鍛え、武芸の稽古をする。長稚児になると、先輩の二才たちがいる家に行き、同じように暮らしながら、武士としてふさわしくない行為があれば、指導され、ときには厳しい罰を受けることもあった。

幕末、城下に三十ほどの郷中があり、郷中ごとに選ばれたリーダーである頭《かしら》を中心にして、一日の大半を同じ年代や先輩と一緒に過ごす。他の郷中との諍《いさか》いも多く、負けることは許されなかった。何が起きようと大人は介入せず、先輩が先生になり、後輩が生徒となり、互いに学び合う中で、結束が堅い勇猛果敢な薩摩武士ができあがっ

鹿児島市内を流れる甲突川から桜島を望む

甲突川河畔に建つ「牛島満生い立ちの碑」。周囲には西郷隆盛宅跡や大久保利通誕生地、大山巌誕生地、東郷平八郎誕生地など数多くの史跡がある＝鹿児島市加治屋町

ていく。頭は仲間を指導・監督し、すべての責任を負うことで集団を統率する方法や責任の取り方を自然と身につける。西郷隆盛は通常、十八歳で役割を終える頭を周囲から懇願され二十四歳まで務めた。その郷中にはともに維新を成し遂げた大久保利通もいた。

西郷が加治屋町で育たなければ、江戸城を無血開城するほどの大人物になっておらず、西南戦争で後輩と行動をともにし、政府軍に追い詰められた城山で見事な最期を貫くこともなかったかもしれない。天をおそれ敬い、人を慈しみ、愛する「敬天愛《けいてんあい》人《じん》」の言葉を好んだ西郷は日本最初の陸軍大将だった。

百三十四人目、最後の陸軍大将である牛島満。最期まで部下を信頼し、部下を愛し、部下と運命をともにした。武士道に殉じた二人はこの加治屋町で育った。この町から帝国陸軍が始まり、帝国陸軍が終わった。どこか因縁めいている。

◇薩摩隼人の土台作り

明治二十（一八八七）年七月三十一日、東京で牛島満は生まれた。陸軍中尉である実満《さねみつ》と竹子の第五子だったが、実満はその年の初めに急逝しており、満は亡くなった父の名前から一字をもらい、名付けられた。長男は夭逝《ようせい》している。

現在の鹿児島市加治屋町

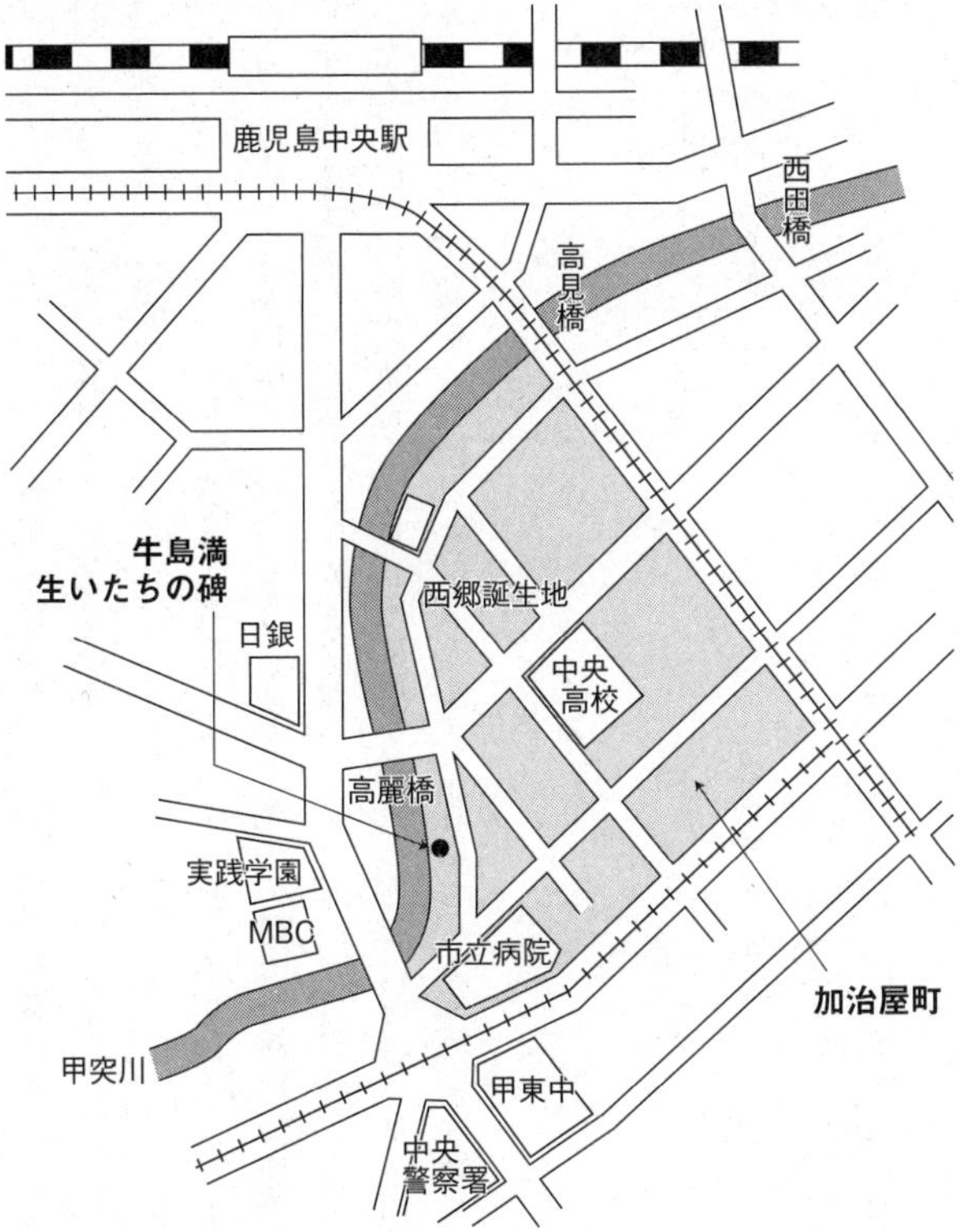

代々、島津藩士だった牛島家は加治屋町に家屋敷と土地を持つ中程度の士族だったが、明治維新で家禄を失った実満は多くの薩摩藩士と同じように上京し、近衛兵となった。弟の実幸も警視庁に勤務していた。

次男の鉄之助、三男の省三、長女の清子、四男の満と四人の幼子を抱え、一家の大黒柱を失った竹子は満が長旅に耐えられるようになった誕生の数カ月後には鹿児島に帰郷する。竹子も島津藩士だった松元利中の次女だ。

竹子はいったん、鹿児島中央駅近くの春日町に居を構えるが、ほどなく加治屋町に転居する。末っ子の満は母親から「満どん、満どん」と呼ばれ、薩摩の子守歌で育てられた。

泣こかい跳ぼかい
泣こよかひっ跳べ

断崖を前にしてぐずぐずと泣くよりも、思い切って跳んでしまえという「案ずるよりも産むが易し」という意味だ。子供たちはこの言葉を耳に育ち、薩摩隼人となる。満も例外ではなかった。

母の竹子を囲んで左から次男の鉄之助、満、三男の省三、従兄の実、姉の清子。円内は父の実満

満は小学校に上がる前から兄たちについて、高見学舎に通った。高見学舎には先生はおらず、先輩が後輩を指導する薩摩藩時代にあった郷中の「舎」を受け継いだものだった。

幼児のころは先輩から譲り受けた教科書に目を通すだけだが、小学生になると、放課後、舎に行き、一緒に学校の授業の予習や復習をし、論語や孟子、日本外史、十八史略、文章軌範、三国志なども朗読する。小学校高等科になると、夜も出掛け、ランプの下で勉学に励んだ。

棒倒しのルーツのような殴り合

い自由の棒倒しの棒が人間の大将になった「大将ふせぎ」や、相手ののどを押さえて、降参を言わせるけんかのような「降参いわせ」などを通して、遊びの中でも心身を鍛えた。舎の月謝は四銭だった。当時はうどん一杯が一銭ほど。それほど高くもないが、教育にお金をかけることができる余裕のある家の子だけが通っていた。

◇突撃号令「チェスト行け！」

一六〇〇年の関ヶ原の戦いで、「チェスト！」の掛け声とともに、一丸となり敵中突破した島津義弘。彼の武勇を偲び、江戸幕府の目を忍ぶ形で旧暦の関ヶ原合戦前日、夜半、粛々と薩摩全土から、義弘公の菩提寺《ぼだいじ》である日置市伊集院《ひおきし》の妙円寺《みょうえんじ》を詣《もう》でたことを起源とする徳重神社の「妙円寺詣り」がある。明治以降、この密やかな行事が公の伝統行事となり、学舎は教育の一環として取り入れた。

高見学舎の子供たちも午後六時から翌朝にかけ、二十キロの道のりを歩いた。その時の出発の掛け声は、関ヶ原以来伝統の「チェスト行け！」である。

夜半になると、夜更かしなど縁がない子供にウトウトと睡魔が襲う。この時、牛島兄弟の「チェスト行け！」の号令がかかる。また目を覚まし歩き始める。途中では満が得意だった「敵は幾万ありとても、すべて烏合《うごう》の勢《せい》なるぞ」と軍歌「敵は幾万」の

妙円寺詣りの徳重神社。島津義弘公の菩提寺の妙円寺の跡に創建された＝日置市伊集院町

大合唱も始まり、合いの手の「チェスト行け！」を入れながら、足にまめを作り、妙円寺を目指した。

後に牛島満率いる部隊が突撃する際には、必ずこの「チェスト行け！」の号令がかかり、精強で鳴らした鹿児島の部隊の異名も「チェスト部隊」だった。

この伝統行事は現在まで引き継がれている。

明くれど閉ざす　雲暗く
薄《すすき》かるかや　そよがせて
嵐はさっと　吹き渡り
万馬《ばんば》いななく　声高し

この一番から始まる「妙円寺詣りの歌」を二十二番まで歌いながら、行軍している。

◇外見は茫洋として中身のある薩摩隼人の典型

牛島兄弟は他の者を圧するほど、賢く体も大きく強かった。だが、あまりにも口数が少なく、周囲からは「外どんどんの内めぐり」と言われた。外見は茫洋としているのに、中身はしっかりとしているという意味で、同じ加治屋町出身の西郷隆盛や大山巖に代表される薩摩隼人のリーダーの典型だった。「うどさあ」とも言われた。うどの大木を親しみ込めた「うどさん」という意味である。

明治二十七（一八九四）年、西千石町の山下尋常小学校に入学する。一年生が終わると、二年を飛び越し三年生に特進、十歳で卒業。他の者よりも一年早く、三十一（一八九八）年に鹿児島市尋常高等小学校に入学する。それほどに成績優秀であった。三十三（一九〇〇）年には県立鹿児島第一中学校（現・鶴丸高校）に入学した。当時は城山のふもと、今の県庁のあたりにあり、県内から我こそはという俊才が集まり、入試倍率は十倍を超えていた。

そのため、新一年生は十三歳から二十二歳までと幅が広く、高年齢者には喫煙許可の鑑札が与えられるほどだった。牛島満は当然のように最年少だった。

ある夏の日、国漢の授業中、先生の朗々たる朗読の名調子に居眠りをした生徒がおり、先生から厳しく叱られたことがあった。その夜、その生徒の家を牛島が訪ねた。

「いまごろ、ないごつな（どうしたんだ）」

「おまんさあ、きょう、先生にがられもした（叱られた）が、おまんさあが悲観しておいやはんか、元気づけにきもしたとお（来ました）」

最年少一年生であるが、後の牛島を思い起こさせるエピソードが残っていた。

二人の弟と違い、体が丈夫でなかった次男の鉄之助は札幌農学校から名古屋鉄道管理局に勤務、少し耳が遠かった三男の省三は軍人の道をあきらめ、七高から東京帝大に進学し、官僚の道を歩むことになる。

◆幼少期から陸軍エリートとして純粋培養される

菊池氏の純忠にならうべし
阿蘇の雄大に同化すべし
宮本武蔵に私淑すべし
西郷の金玉を握れ

陸軍中央幼年学校生徒時代の牛島満

熊本陸軍地方幼年学校に掲げられていた標語である。肥後の菊池氏は南朝の忠臣で、勤王の志篤い家門として知られており、お国のために武人として質実剛健に生きろという「熊幼《くまよう》精神」を言葉にしたものであるが、ストレートな言い回しになんとも九州らしさを感じることができる。

この熊幼に十三歳の牛島満は明治三十四（一九〇一）年四月、第五期生として入学する。

ちょうど日本が三国干渉を受け、遼東半島を清国に返還し、南下政策をとる露西亜《ロシア》と対峙、一触即発の緊張感が漲《みなぎ》る中、武人への第一歩を踏み出した。

幼年学校は東京や名古屋、大阪、仙台、広島、熊本の六校があった。各校とも生徒数約五十人。全寮制の「陸軍の中学校」として、ラッパで起床、ラッパで就寝するという生活で三年間、みっちり教育される。

制服の襟に金星のマークがあることから、「星の生徒」と呼ばれ、人生においてもっとも感受性が強い思春期に外部との接触がほとんどなく、陸軍エリートとして純粋培養されることになる。

明治中期、自由民権運動が盛んになり、自由思想に毒される前に優秀な軍人として教育をする目的で設置されたため、陸軍内での出世も陸軍大学校出身よりも幼年学校出身かどうかが問われることも多く、陸軍の軍務局などの主要ポストはほとんどが幼年学校出身者で占められていた。

東京の中央幼年学校を経て進学する陸軍士官学校でも、試験を受けて入学する一般の中学校出身者と無試験の幼年学校出身者は明確に区別され、中学校出身者は一等兵として入学し、上等兵に昇進するが、幼年学校出身者は、中学校出身者が上等兵となるのと同時期に同じ上等兵として入学する。

陸士に入学した時、すでに幼年学校と中央幼年学校で五年あまりも軍人として鍛え抜かれた者と中学校で青春を謳歌していた者に差がつくのは当然でもあった。幼年学校出身者と中学校出身者との溝は深く、幼年学校出身者は「Ｃａｄｅｔ」（士官候補生）から、「Ｃさん」と自称し、中学出身者をＣより下という意味で「Ｄころ」と侮蔑した。中学校出身者はどれだけ出世しても、陸軍では外様であることには違いなかった。

◇鹿児島時代とは比べものにならない熊幼の日常

熊幼は校歌で「銀杏《ぎんなん》城下わが武寮」と歌われているように、別名・銀杏城と呼ばれる熊本城の監物台《けんもつだい》に明治三十（一八九七）年に開校した。

高見学舎でも厳格な教育を受けてはいたが、幼年学校とはいえども軍隊である。鹿児島時代とは比べものにならない日常が始まる。

早朝六時にパパラパパンパーンと響き渡る起床ラッパで一日が始まる。全員が飛び起き、冷水摩擦だ。寝台戦友と呼ばれる二人で慌ただしくベッド整頓をし、日朝点呼が行われる。遥拝《ようはい》参拝、掃除をして、七時の朝食を待つ。一汁一菜だが食べ盛りの少年だから、全員食べる食べる。中でも体格がいい牛島は大食いで知られ、名前と大食漢と二つの意味をかけ、愛称は「牛」だった。同期は「ぐずぐずしているとみんな牛に食べられるぞ」と笑い合った。

七時四十五分からの服装検査後、八時から十一時四十五分まで学科授業。昼食の後は曜日により、学科の日と自習の日があり、その後は教練や柔剣道などの武道の時間がある。わずか五十分の自由時間の後、十七時三十分から夕食だ。風呂の後は十八時四十分から二十一時二十分まで夜の自習、モールス信号実習を終え、黙然《もくねん》反省。二十一時三十分に夜の点呼、二十二時にパーラパパパパーンと消灯ラッパが校内に鳴り、一日が終わる。

分刻みの生活を繰り返し、坊主頭の幼顔から武人の顔に変わっていくのだ。しかし、合理的な側面もあり、軍隊名物のビンタなどの鉄拳制裁は厳しく戒められており、実行者は処罰された。

厳格な上下関係で知られる幼年学であるが、熊幼はそれとは別に鹿児島出身者の郡部と市部の対立も加わり、ピリピリとした雰囲気だった。五期には郡部出身者が八人、市部出身者が牛島を含め三人だった。しかし、牛島はそういう対立には我関せずを貫いた。貫くどころか、後輩さえも常に、さん付けで呼び、周囲を驚かした。

七期の後輩の神田正種《まさたね》（後に陸軍中将、ブーゲンビル島の戦いで終戦）は、

「二期違うと、もう先輩としてまことに恐ろしいものであったが、牛島先輩はいつもにこにこして、親しみやすい先輩であった」

と語っている。上下の区別なく、人に心優しく接する態度はどんなに地位が上がろうが、牛島は終生変わることがなかった。

◇繊細と厳格、情味がほどよく調和した人柄

牛島の人柄を偲《しの》ばせるこんなエピソードもある。

熊幼時代、夏休みに鹿児島に帰省した牛島は薩摩弁で「ダッマ」と呼ばれる手長エビの捕り方を近所の少年に教えた。

「こうして両手を合わせて後ろからそろうっとすくい上げるようにして捕るのだよ」

当時の甲突川は水も清らかで両岸に葦が生え、ダッマがいくらでも捕れた。暑い夏の盛りの日だ。ダッマ捕りをしていた、その少年が空き缶で川の水をぐいと飲み干した。それを土手の上から見ていた牛島が飛んできて、少年の首根っこをつかまえて、自宅に連れて行った。母から数粒の正露丸を出してもらい、「これを一息に飲みなさい」。少年がどうにか飲み込むと、「生水を飲んではいけない」と幾度も繰り返した。

後年、中国大陸の戦地でもこの昔話を「ダッマが……」と薩摩弁を交え、おもしろおかしく話しながら、生水を飲むことを厳しく戒めた。この時分から、繊細と厳格、情味がほどよく調和していた。

熊幼から東京市牛込区市ケ谷本村町にあった陸軍中央幼年学校に入学した明治三十七（一九〇四）年には日露戦争が勃発《ぼっぱつ》する。のんびりして見える牛島も陸軍の大山巌、

海軍の東郷平八郎、山本権兵衛ら同じ加治屋町出身の活躍に若き血をたぎらしたに違いない。

第一中隊フランス語班に牛島は入った。第一中隊には熊幼からの同期生である鷹森《たかもり》孝《たかし》（後に陸軍中将、中国・鄭州で終戦）もおり、二人はともに学び、ともに鍛えた。牛島は得意だった大車輪や逆車輪の鉄棒に磨きをかけた。示現流仕込みの豪剣は聞き取れないほどにキェーと気合いの入った掛け声とともに、「二の太刀要らず」といわれ、初太刀から勝負をかけ、振り下ろした。

器械体操をする牛島

入学翌年の年末、鷹森は馬に蹴られ、右足にひびが入るけがをする。年末年始の休暇も近いが、それまでに全快する見込みもない。休暇の初日、がらんとした第一中隊生徒寝室で悄然《しょうぜん》として寝そべっていた鷹森のところに突然、牛島が顔を出した。

「外出したいか」

「むろんのことさ」

「俺がおぶっていってやる。その代わりに外出中は俺に絶対服従だぞ。軍医殿の許可済みであるから安心しろ」

歩けないだけで、ほかは健康そのものの鷹森は飛び上がらんばかりに喜んだ。幼年学校では分刻みの校内行動と息つく間がない。その中において、休暇や外出の楽しさはなにものにも代え難い。しかも十七、八歳の好奇心旺盛な遊びたい盛りでもある。特に甘い物を食べ歩くのが大の楽しみだ。

帰省しなかった同期生数人と一緒に、鷹森は牛島におぶさり、その日一日、東京の街でひとときの休暇を楽しんだ。

帰り道、他の同期生が交代を申し出ても、

「俺が軍医殿から許可をいただいて来ているのであるから、俺に任せておいてくれ」

と断った。一週間の休暇中は毎日、鷹森はニコニコした牛島におんぶされて外出、一個一銭の鯛焼きや饅頭、あんパンをほおばった。鷹森は牛島がおんぶしていることを喜んでいるように見えた。

◆二十期の三羽ガラスと称され陸士を卒業

日露戦争に勝利し、世界の一等国の仲間入りをしたとして、日本中が意気上がる明治三十九（一九〇六）年十二月、近衛師団第四連隊士官候補生として一年間、下士卒の生活を経て、順調に陸軍士官学校に入学する。

市ヶ谷台にあった陸士は一高や海軍兵学校と並ぶ難関校であり、海兵と同様に学費が免除されるため、経済的事情で進学が難しい少年には特に憧れの存在だった。入学者は伝統的に「陸の長州」と呼ばれる山口県や九州各県出身が多く、二十期二百九十八人のうち、鹿児島出身は二十一人だった。

ハンモックナンバーといわれる卒業時の席次が一生を左右する成績至上主義の海兵と違い、陸士はすべての成績を公表しなかった。牛島は持ち前の生真面目さと実直さにより、陸士の中でも成績優秀、特に常に周囲の状況判断を誤ることがない戦術眼と大きな体と示現流で鍛えた号令で、戦術学と教練は全生徒の首位だった。広大な中国大陸で活躍し、母校の配属将校にまで出世する牛島の将来を予感させるエピソードである。

だが唯一、苦手だったものが外国語だった。それでも卒業時は歩兵科二番で、恩賜《おんし》の銀時計をいただき、下村定《しもむらさだむ》（後に陸軍大将、最後の陸軍大臣）、吉本貞一《よしもとていいち》（後に陸軍大将、第十一方面軍司令官）とともに、二十期の三羽ガラスといわれた。

同郷の同期生、遠矢良知が郷里に宛てた手紙が残っている。

一年有半の歳月は長いようで短かった。今日、明治天皇のご臨席をえて、卒業証書を授与される。午前十時半、明治天皇は折からの雨の中をご来校。君が代の吹奏が市ケ谷台にひびき渡る……優等生に対しては恩賜の銀時計が授与される。歩兵生徒の二番目には近衛歩兵第四連隊の士官候補生、牛島満君。満君は竹馬《ちくば》の友である。自分のことのようにうれしかった。私の血潮は、一時に湧きあがり、涙滂沱《ぼうだ》たるを禁じ得なかった。

◇容姿端麗で聡明な新任少尉

陸士卒業後、近衛《このえ》師団近衛歩兵第四連隊（編成地・東京）に配属される。近衛師団は天皇と皇居を警衛する「禁闕守護《きんけつしゅご》」の責務を持つ最精鋭、最古参部隊で、一般の師団と異なり、兵士も徴兵ではなく、全国から選抜された将兵で構成されていた。牛島は近衛兵に選抜された者は見合いの依頼が殺到するなど、郷土の誇りだった。牛島はその栄誉ある部隊で連隊旗手を務めることになる。

連隊旗は一般に軍旗といわれ、明治七（一八七四）年に近衛歩兵第一連隊と第二連隊に授与されたのが始まりだ。天皇陛下から授かった神聖なもので「連隊の命」である。戦地では敵に奪われてはならないため、軍旗を守る小隊が編成され、玉砕する際には陛下にお返しする意味の軍旗奉焼が行われる。

伝統ある連隊は房だけのようなボロボロになった軍旗が歴戦を伝えるとして、修繕されることなく、そのままの状態で大切にされた。軍旗は唯一、陛下の前でも下に下げる必要はなく、回れ右もしない。回れ右の際には右向け右を二度繰り返す。退却しない帝国陸軍の象徴でもあった。

海軍にも軍艦旗があるが、軍旗のような扱いではなく、その代わりに御真影があり、沈没する時には艦艇と運命をともにした。

陸軍士官学校を卒業した少尉
時代の牛島満＝明治四十二年

その軍旗を預かる旗手は容姿端麗で聡明な新任少尉が務めるといわれ、大柄で見栄えがいい牛島が抜擢された。その後、中尉に昇進する。

俸給も低く、「やりくり中尉」といわれるが、その中でも日々の勉学は怠らず、二度目の受験で大正二（一九一三）年、ついに東京・青山の陸軍大学校に入学する。二十六歳の堂々たる青年将校である。

◇多士済々、互いにしのぎを削る

海軍と違い陸軍は陸士卒業の試験よりも陸大入学のほうが重視され、陸士出身で三十歳未満の中尉、大尉だけに受験資格があり、通称「青山」は陸軍将校の憧れだった。卒業生には胸に菊花と星をかたどった徽章《きしょう》が授与され、江戸時代の百文銭《ひゃくもんせん》に似ているため、陸大卒業生は「天保銭組《てんぽうせんぐみ》」と呼ばれ、出世を約束されたも同然だった。試験は二段階に分かれ、初審は語学や数学、典範令《てんぱんれい》などで、再審は試験官を前にした口頭試問だった。秀才で鳴らした「恩賜の銀時計組」の牛島ではあったが、前年に再審で失敗する。その理由は鹿児島出身者特有の口べただ。

「おてやっち（落ちた）いうが、そげんくつ（口）が下手ごあすかい」と鹿児島の友人に尋ねられ、「鉄砲玉は何で作るかときかれ、鍋金と答えた。鍋金じゃらいね（だよな）」。友人が「でもそれはなんとか学術語があるのじゃあ、ごあはんめか」というと、「ひとつ（同じ）ことじゃあねか」と笑う大らかさであった。

　兄の省三も高文を受けた際、学科試験は受かったが、口頭試験に一度、落ちており、「外どんどんの内めぐり」のおっとり体質は兄弟そろい、成長しても変わらなかった。

上京してきた鹿児島の高見学舎の後輩と
牛島満（後列左から二人目）＝大正三年

陸大に入学した牛島は休日、赤坂区青山の自宅に帰るのが楽しみだった。

省三が東大に入学した時、鹿児島市加治屋町の家屋敷を処分し、一家で東京に移り住んでいた。自宅には上京し、慶應義塾や東京慈恵会医院医学専門学校に通う高見学舎の後輩が集まり、母の竹子の手料理をつまみに酒を酌み交わし、日本の行く末を語り合った。「牛島梁山泊」と鹿児島出身者以外の者は名付けたが、牛島らにとっては「郷中教育」の続きのようなものだった。

部下も上司もいない陸大はゆったりと過ごせる半面、陸大卒業の席次で昇進などが決まることが多く、牛島ものんびりとはいかない。二十八期には後にマレーの虎と呼ばれる山下奉文《やましたともゆき》（後に陸軍大将、マニラ軍事裁判で死刑判決）や陸士同期の下村定、吉本貞一ら多士《たし》済々《さいさい》で、互いにしのぎを削って学んだ。

成績上位者は陛下から恩賜の軍刀を授かる「軍刀組」と言われる。さらに上位者は卒業後に海外留学や海外出張も約束される。首席だった下村、二番の山下らは「軍刀組」で、牛島は中の上程度とさほど目立つ存在ではなく、どんな形であれ、成績を残し立身出世を目指すタイプではなく、生真面目に机に向かい、その結果には拘泥しない大人型の薩摩の「うどさあ」であった。

第二章

いざ戦地に立つ

◇目配り気配りの牛島にふさわしい初陣

陸大卒業後、原隊の近衛第四連隊に復帰した牛島は、一年後には千葉陸軍歩兵学校教官に任命される。これが後に、「小学校の校長によし、大学の総長にしてもよし。およそ校長として牛島ほど似合いの人はいない」といわれる天性の教育者の始まりだった。

俸給も人並みになり、「やっとこ大尉」と言われる大尉となった牛島は千葉市の海岸に近い寒川から学校に通勤した。歩兵学校は各師団から派遣された将来の高級指揮官となる学生に歩兵戦闘や通信、射撃、重火器の戦闘法などを教える学校で、牛島は学生に教授する傍ら、自らの研究も重ねた。

教官に任命されて間もなくの大正七（一九一八）年、牛島はシベリア派遣軍野戦交通部参謀として、出征する。生涯武人だった牛島の初陣だ。ロシア革命干渉のため、「革命軍によって囚われたチェコ軍団を救出する」という名目で日米英仏伊の連合国が派兵したシベリア出兵である。

八月八日に台中丸で九州・門司港を出港、三日後にウラジオストクに入港する。任務は広大なシベリア奥地に滞りなく各部隊を派遣することだ。目配り気配りの牛島にふさわしい初仕事であった。

今回の出兵は戦争目的があいまいだったため、国民と陸海軍ともに士気が上がらなかったが、牛島は違う。南満州鉄道などの鉄道各線を利用し、零下四十度になる極寒の劣悪な環境である前線から部隊を次々と交代させ、規律低下や中だるみを防ぎ、緻《ち》密《みっ》な輸送計画を作成し、軍需品が不足しないように最善を尽くした。この勲功で功五級金鵄《きんし》勲章を授かる。

◇部下から愛されるユーモラスな指揮官

歩兵学校教官に復員後、鹿児島県志布志町出身の君子と結婚、長男は夭逝したが、次男の茂、三男の貞二が誕生した。

少佐に昇進、歩兵第四十三連隊（善通寺）の第一大隊長に配属される。現場でも教育者の匂いがする逸話がいくつかある。

大正十三（一九二四）年、秋季演習が行われた。牛島率いる大隊は夜明け間際、敵の奇襲攻撃を受ける。突然のことだったが、牛島は腹ごしらえの餅を片手に指揮し、時折、かじりついた。ユーモラスな餅指揮官ぶりが部下から好評で、「この指揮官についていけば大丈夫」という安心感が浸透していく。

この演習の帰りの行軍中、部下の中尉が陸大受験に頭を悩ませ、どこか上の空の表情を浮かべていたのに気づいた。馬を寄せ、「中尉、来年は陸大を受けろ。本年の初審は悪くないから」と声をかける。演習中にぼんやりしていたことに気づかれたと思った中尉だが、「不得意な数学をいまからもっと勉強せねばなりませんので、すみませんが、再来年受けさせてもらいます」と好意に添えないことを謝った。牛島は「そうか」と頷いただけだった。

翌年の正月、年頭の営内巡視で、整列している列の前に歩み寄り、中尉の前で「おめでとう」と言った。全員が何を言ったかわからず、ぽかんとしていたが、そのうちに中尉の長男誕生を祝っていることを知り、一同は驚愕《きょうがく》、中尉は非常に恐縮した。

ところで、見かけによらず、牛島は酒があまり得意ではない。しかし、夜半に酔って若手の将校が自宅を訪ねてきても、寝床から起き上がり、機嫌よく深酒に付き合うことも度々だった。

ある日、崩し字で「牛島」と書いた門灯《もんとう》のすりガラスを「うしとり」と読んだ男が官舎の玄関に入り込み、手をたたいた。夫人の君子が「どなたかお客さんですよ」と牛島に声をかけると、男は「早いところ何でもよいから、夕食を頼みます」と大声で言った。君子は「どうぞ、お上がりになって」と夕食を運んだ。

座敷に上がり、掛けてある軍服や軍帽を見て、男はようやく、料亭「うしとり」ではないことに気づき、あたふたとしているところに牛島が現れる。「大変失礼をしてしまいました。すっかり料亭と早合点を致しまして」と恐縮する男に、牛島は「まあ、よいじゃありませんか。私も一杯やろうとしていたところです。一人では寂しいから」と言い、夜更けまで飲んだこともある。

夫婦ともに大らかで、このころから部下に「軍服を着た西郷さん」と呼ばれるようになる。

◇唯一の陸大卒将校として中学校へ配属

第一次世界大戦以降、列強各国に追いつき追い越したい政府は、国民の心身を鍛え、国力の根幹を養うため、学校現場での軍事教育が不可欠と考え、大正十四（一九二五）年から大学予科や中学校、師範学校などに現役陸軍将校を配属し、学校教練や部隊教練、指揮法、手旗信号、軍事講話などを受け持たせた。

鹿児島一中の配属将校第一号は牛島であった。ほかにも、県内では二中には少佐の金丸卯平、七高には中佐の満尾貞行が配属された。このとき、全国の中学校の配属将校のうち、陸大卒業者は牛島だけだった。

鹿児島一中配属将校時代の牛島満（前列左から四人目）と石田悟雄校長（同三人目）

配属将校にならなければ、師団の少佐参謀になっていたであろう牛島だが、天性の教育者を母校に配属する人事はまさに適所適材だった。軍隊では身の回りの雑事をすることはなかったが、中学校では当然、だれもそんなことをしてはくれない。

無論、一中では「天保銭の配属将校ごあんど（ですよ）」と、赴任前から大変な盛り上がりようで、石田悟雄校長は「軍部が鹿児島を重んじてくれたことの証だ」と歓喜した。

地元紙も故郷に錦を飾る天保銭組の配属将校を書き立てた。この時、高見学舎の後輩「陸軍においても、特に優秀な者を配属されたのではないですか」と尋ねた。すると、「いや生徒がなかなか、ゆこつきかんで（言うこときかないので）、わざと優秀な者を配属したということにしておくんだ」と笑い飛ばした。

金沢市の寺に生まれ、東京帝国大学哲学科を卒業した校長の石田は「片々たる才子をつくるなかれ」がモットーで、牛島の部下には「宇吉どんのビンタをくわぬ生徒はおらぬ」と言われた元陸軍大尉の坂本宇吉が付いた。時にはサーベルを持って生徒を追いかけるスパルタぶりで、牛島は慈愛の眼で坂本の指導ぶりを眺めていた。後年も牛島は、優秀で厳格な部下に仕事を任せ、責任は自らが取る形だった。

配属将校となった牛島の授業は細やかだった。陸地測量部発行の地図を広げ、測量の方法や地図の折り方まで指導し、作戦要図ではAは野砲兵、KAは騎砲兵、BAは山砲兵、Mは迫撃砲と丁寧に教えた。

野外実課では腕立ての姿勢が悪い生徒を指導すると、隣の生徒が、

「先生、こいつはがっつい数学びんたじゃうどん（すごく数学の頭はいいのですが）、教練の方はばったいごあんど（全然だめなんです）」

と助け船を出した。しかし牛島は、

「人間はびんた（頭）だけでは役に立たないもんだ」

と言った。身体を鍛えることには厳しく、長靴のままでも大車輪、逆車輪ができる

得意の鉄棒や気合いの示現流剣道、相撲でもまず自らが見本を見せ、鍛えた。

◇若き配属将校に憧れる生徒たち

二才《にせ》(青少年)は太いシュロの鼻緒の下駄を履くことが「よか二才」であると信じ込んでいたが、時代が進み、教練などの授業では靴を履くことを決められていた。だが、そこは反抗することがかっこいい思春期の二才である。時にゲートルだけ巻き、下駄履きのまま、教練に臨む生徒もいた。

下駄履きで歩兵銃を担いでいる生徒を見つけた牛島は「靴を取りにまいれ」と甲高い大声で一喝する。普段とは違う鬼の形相に縮み上がった生徒が「はい」と返事をして駆け出すと、牛島はすぐさまに追いかけ、声を掛けた。「よし、次の時間からはいてこい」。

生意気盛りの生徒たちが職員室前の廊下を下駄で歩けるかと、賭けになった。「よし俺が」と下駄履きのまま、大手を振りガッタガッタと廊下を歩き始めた。他の生徒は固唾《かたず》を呑んで見守る。そこに顔を出した牛島が自慢のシュロの鼻緒の下駄をじっと見つめ、「よか下駄ぶりじゃっど」。蛮勇をふるった生徒はかえって恐縮する有様だった。生徒の人望を一身に集めるようになる。

大正十五（一九二六）年、応援団軟禁事件というものがあった。その年の秋分の日から始まった七高主催の野球大会で一中と鹿児島商業は準決勝で当たった。強豪校同士で事実上の決勝戦だ。五対一と一中リードで七回を迎える。二点を返した鹿商は二死二塁で三塁に盗塁、パスボールで一気に本塁に生還する。だが、一中の抗議で走者は三塁に戻され、次打者が倒れ、追加点は取れなかった。抗議が長引いたため、日没コールドとなり、一中が勝利するが、両校ともに野次が飛び交い、石を投げ合う騒ぎとなった。

「勝利を照国神社にご報告する」として、不穏な雰囲気のまま、選手や応援団を先頭に一中の生徒が神社に向かう。待ち構える鹿商との大乱闘を予感した牛島は「危険である。お参りは中止せよ」と応援団に忠告をした。しかし、いきり立ったままの応援団は耳を貸さない。特に柔道部の腕っ節を買われ、副団長になっている清水鉄男は憤然としたままだった。仕方なく、牛島は行列の先頭に力ずくで割り込み、清水と乱闘になった。清水は殴られても、倒されても起き上がり、向かってくる。終《しま》いには柔道部員の助けを借り、手足を縄で縛り上げ、一晩中、道場に軟禁した。

翌朝、道場に顔を出した牛島は縄をほどきながら詫びた。

「清水、昨日はすまなかった。大変な目に遭わせたたね」

手を抜かず何事にも真っ直ぐに立ち向かう姿勢に清水は感動、師と仰ぐようになり、卒業後は陸士に入学した。後に中国戦線で再会したとき、二人はこのエピソードを笑いながら、語り合った。

招魂祭の折にはこんなことがあった。

お祭り後の直会《なおらい》では、生徒手作りの豚骨料理や魚のつけあげ（薩摩揚げ）、煮付けなどが並んだ。黒じょか（芋焼酎の伝統的な酒器）に入った焼酎を回し飲みしているうちに、牛島が大皿から取った豚骨が畳に落ちた。

それを見た生徒が「先生、自分が捨てて参ります」と言った。すると、牛島は「有事のことを思えば、食べ物は大切にしなければね」と笑いながら、井戸端に行き、洗って口に入れた。

牛島着任以来、陸軍士官学校を志望する生徒が急増する。若き配属将校に対する憧れがそうさせた。

◆母校を去る日、陸軍中将を約す

昭和三（一九二八）年、陸士に入学した竹下福寿（後に少佐）は当初、植物研究がしたくて、高等師範に進学するつもりだった。だが、牛島は「竹下は音感がよく、号令をかける呼吸ののみ込みが早いし、発音もはっきりしている。教練の動作にぴったりだ」と言い、陸士受験を勧めた。裕福ではない家庭の事情も配慮してのことだった。

翌年、陸士に合格した隈元義徳は模擬試験で合格水準に達したため、「七高も海兵も受けません」と陸士一本でいくことを牛島に告げる。だが、「それはいけない。ぜひとも七高も受けておけ。お前なら当然、合格するから」と諭した。生徒それぞれの個性や家庭環境まで知った上で、細やかな進路指導をしていた。

牛島の人柄は配属将校としてうってつけだったとみえ、一中を視察に訪れた学校教練査閲官の歩兵第三連隊隊長の大佐、永田鉄山（後に中将）は「学校教練の先駆けであるのみならず、将来の日本陸軍の柱石になるに違いない」と語っている。永田は統制派のリーダーだったが、昭和十（一九三五）年八月、皇道派に共感する相沢三郎中佐に陸軍省で殺害される。企画院総裁の鈴木貞一は戦後、「もし永田鉄山ありせば太平洋戦争は起きなかった」と語ったほどの英才だった。

牛島が母校を去る日が訪れる。各クラスを回り、「俺も立派な軍人になるから、お前たちも立派な人間になれよ」と別れのあいさつをした。引っ越しの荷造りを手伝いに来た生徒とお茶を飲み、昔話をしていると、一人が尋ねた。

「先生は陸軍大将になっとな」

「おいは、大将なんぞになれる器じゃなかで、大将にはならん。じゃっどん中将にはは必ずなっど。俺もがんばるから、お前たちも三州男児（薩摩、大隅、日向）の意気でしっかりとはめつけよ（がんばれよ）」

牛島は全校生徒の見送りを受け、歩兵第二十三連隊（宮崎・都城）に旅立っていった。

第三章　北満のおやじ

◇「昭和維新」を掲げた二・二六事件

昭和十一（一九三六）年二月二十六日。大佐に昇進し、陸軍省高級副官となっていた牛島はこの日、中国大陸に出張中で、麹町区永田町の陸軍大臣官邸に隣接する官舎には妻の君子や女子学習院に通う長女の麗子、宮崎県西都から上京してきたお手伝いのミヤらが留守を守っていた。

早朝、君子は時ならぬ、「ばんざい」「ばんざい」の歓声で目を覚ます。

何事かと驚き、官舎の窓を開けると、しんしんと雪が降り積もり、一面、雪景色となっていた。

官舎は参謀本部と陸軍省がある三宅坂の裏、陸相官邸の隣とあって、緑も多く治安もよく、子育てをするには最高の環境で君子もお気に入りだった。

君子は特段、気にも留めず、いつものように朝食の準備を始めた。

午前七時ごろ突然、陸軍兵士が訪れ、「温かい味噌汁を兵士に配るから、バケツと杓を貸してください」と頼み込んだ。君子は事態がつかめないまま、兵士にバケツと杓を手渡した。

よもや兵士が反乱軍とは知らない君子は朝食を済ませた麗子にミヤの付き添いで学

校に行く支度をするように言った。雪で市電が動いていないため、麗子とミヤは歩いて、赤坂見附まで下りてきたが、兵士が並んで通れない。反対側の丸の内方面から来た人波も止められている。

「昭和維新はかしこくも、天皇統率のもと……」という演説が聞こえるが、ミヤには何が起こっているかわからない。仕方なく引き返す道すがらにも、着剣した兵士が乾パンをかじりながら、たむろしていた。

官舎には安否を尋ねる電話が幾本もかかる。君子は「官舎は兵隊さんが護衛しているから安心です」と言うと、「それは反乱軍ですよ」と言われる始末だった。

その日の午後、電話線も切断され、何の情報もないまま、官舎に缶詰になり、ようやく翌日、中将である井上達三（井上成美《いのうえしげよし》・海軍大将の実兄）留守宅に身を寄せた。

「昭和維新」を旗印に陸軍皇道派青年将校が起こした「二・二六事件」は、首相官邸や警視庁などを約一千四百人の部隊で襲撃した。斎藤実《さいとうまこと》内府、高橋是清《たかはしこれきよ》蔵相、渡辺錠《わたなべじょ》太郎《うたろう》教育総監らを殺害、永田町一帯を占領した。

二十七日には政府は戒厳令を公布する。

しかし、皇軍相撃《そうげき》を恐れ、対応が遅れる陸軍上層部に対し、天皇は強い怒りを示した。川島義之陸相に「朕自ラ近衛師団ヲ率キテ、此レガ鎮定ニ当タラン」と激しい口

陸軍予科士官学校長時代の牛島満と家族

調で即座に鎮圧するように迫る。二十九日になり、ラジオで「兵に告ぐ」と題した「勅命が発せられたのである。既に天皇陛下のご命令が発せられたのである」の勧告が放送され、反乱はようやく鎮圧された。

君子は事件の大きさを後で知ったが、特に麗子の同級生の祖父、斎藤内府が惨殺されたことに衝撃を受けた。四谷区仲町の私邸で襲撃された斎藤の体からは四十発以上もの弾丸が摘出された。銃を乱射する青年将校に向かい、妻の春子は「撃つなら私を撃ちなさい」と立ちはだかり、銃をつかもうとして、弾丸が貫通する。それでも春子は斎藤をかばおうと、覆いかぶさった。

◆頭号連隊の名誉回復を任される

　牛島は急遽、帰国を命じられるが、事件とのかかわりはまだ終わらない。反乱軍の主力だった第一師団第一歩兵連隊長を命じられるのだった。

　反乱に参加した兵士約一千四百人のうち歩兵第一連隊は約四百人。リーダー格だった第一連隊の中尉、栗原《くりはら》安秀《やすひで》と丹《に》生《う》誠忠《まさただ》は後に反乱罪で死刑になるが、兵士の大半は反乱計画も知らず、上官の命令に従い、適法な出動として襲撃に加わっていた。この中には後に「ゴジラ」や「モスラ」などの東宝特撮映画を監督する本多猪四郎もいた。連隊長だった大佐の小《こ》藤《ふじ》恵《めぐむ》（後に少将）は軍旗を奉じ、同じ連隊の兵士が守っていた首相官邸に突入し、鎮圧したが、引責待命の処分が下った。

　明治七（一八七四）年に軍旗拝受、西南戦争の田原坂《たばるざか》の戦いや、西郷隆盛が切腹した城山の戦いにも参加した第一連隊（東京）は輝かしい歴史を積み重ねてきた全陸軍の頭号連隊である。他の連隊への転出が内定していた牛島であったが、連隊の名誉回復には牛島しかいないと抜擢される。

　三月二十八日、牛島が新任した。

大事件後の後始末をどうするかと新任連隊長の腕前を軍上層部だけでなく、世間も注目していた。

連隊幹部に対し、真新しい「1」のマークが輝く赤い襟章を付けた牛島は朴訥《ぼくとつ》として新任あいさつを行った。

「事件の当日、私は大陸に公用出張中で、東京を離れておりましたが、この度の責任の重大さを思います。子供は四人、趣味とて何もありません。酒も飲もうと思っても飲めません。ただ自分の責務に尽くしたいと思います」

西郷隆盛のような「ヌーボー型の豪傑」と評されていた。

その年の五月八日、第一連隊は北部満州に派遣される。目的は匪賊《ひぞく》討伐と治安維持で、二・二六事件前に内定していたが、軍関係者の多くはそうは見ていなかった。

東京警備司令官の香椎浩平《かしいこうへい》中将（七月に予備役編入）や第一師団長の堀丈夫《ほりたけお》中将（七月に予備役編入後、翌年召集）らが連隊長同様に引責待命となっており、懲罰の意味を込めた北満派遣と思われていた。

しかし、駅までの沿道には多くの人々が詰めかけていた。第一陣の牛島部隊が通過すると、「万歳、万歳」の歓呼、馬上の牛島に懐かしい訛りが届いた。

「牛島先生、きばいやんせおー（がんばってください）。チェスト、はめつけったもんせえ（しっかり働いてください）」

午前九時三十四分、三十年ぶりに品川駅から出征列車が発車、日の丸を手にした老若男女数千人が見送りに訪れ、線路脇にもびっしりと整列し、子供たちが千切れんばかりに小旗を振っていた。

列車は軍用船が待つ広島に向かい、広島では一中時代の教え子で、海軍兵学校に進んだ志摩亥吉朗が待ち構えていた。宿舎を訪ねた志摩に牛島は「よく来てくれたな、品川駅頭でも一中の卒業生に『はめつけったもんせえ』と呼ばれたよ。うれしいものだね」と笑いながら語った。

航行中にも護衛の駆逐艦から電文が届いた。

ウシジマセンセイノ　ブウンチョウキュウヲ　イノリアグ

◇隊の雰囲気を明るくする部下思いの行動

第一連隊の主力は北満州の小興安嶺北麓《しょうこうあんれいほくろく》の遜呉に駐屯し、匪賊討伐のため、小隊単位で南満州に派遣された。しかし、輸送部隊が待ち伏せ攻撃で襲撃され、戦死者を出すなど、治安は悪く、三十人以下での行動は禁止された。

牛島は激励で派遣部隊を視察、一人ひとりに「ご苦労だね」「しっかりやってくれ」と声をかけ、戦死した兵士の墓には必ず参り、ぼろぼろと涙を流し、合掌をする姿が見られた。

第一連隊は懲罰のため北満派遣されたとの思いが根強く、このまま、いつまでも荒涼とした大陸の地に残され、内地に帰れないかもしれないと考える兵士も数多かった。そこに、「北満のおやじ」というあだ名を付けられた、牛島の部下思いの行動が隊の雰囲気を徐々に明るくしていく。視察に行っても、連隊長訓示は非常に短い。

一、任務を忘れるな
一、火事を出すな
一、風邪を引くな
一、生水を飲むな

これを二回繰り返すだけだ。訓示が終わると、兵士の列に歩み寄り、「手や足を不潔にしたり、手入れを怠ったりすると、凍傷になりやすいから注意するんだ。君たちの手を見せてみろ」とあやすように語りかける。

恐る恐る出した手を見て回り、「みんなきれいにしているな。折をみて、また会いに来る。その時まで元気で頑張るんだ」と声をかけて回る。防寒具で身を固めた兵士がトラックに乗れずにいると、尻を押し、顔色が悪い兵士には「風邪を引いているのではないか。無理をするな」と言い、軍医に相談した。

翌年の四月、新兵が配属されてから、ますます隊の雰囲気が良くなる。新兵にとり、古兵は厳しく怖いもの以外のなにものでもない。しかし、第一連隊は和やかなものだった。連隊長の人柄もあるが、北満に幽閉されると信じていた古兵には事件に無関係の新兵が配属されたことで、北満任務が懲罰ではないことがようやく理解でき、ほのぼのとした空気が隊全体に浸透していった。

第一連隊と同様に反乱に約八百人の参加兵を出した歩兵第三連隊（東京）も満州に派遣されたが、「二・二六事件の汚名をそそげ」というのが新任した湯浅政雄連隊長以下のモットーとなり、特に反乱軍に加わった兵士は徹底的にしごかれたのとは逆だった。

◇偉大なる哉、人格の力

あるとき、第一連隊旗手の伊藤常男少尉（後に少佐、第三十五師団参謀）が兵隊教育

歩兵第三十六旅団長時代の牛島満（前列中央）＝昭和十二年

をして、腹を立てているのを見かけ、牛島は「教えるというのは大変なことなんだよ。百人教えて一人でもわかってくれれば、ありがたいと思わねばならんね」と生来の教育者らしく諭す。人に請われると「至《し》誠《せい》」と書いて渡す。敬天愛人の西郷と通じるものがないだろうか。

牛島は十二年三月に少将に進級し、郷土鹿児島の歩兵第三十六旅団長に補せられる。連隊長を離任し、内地に帰る日が決まった。

その帰任前後を記した伊藤の日記がある。

昭和十一年十二月二十三日　連隊長の言動無慾。

昭和十二年二月二十一日　連隊長初年兵教育視察のため出張せらるるに随行する。連隊長は初年兵の手をすべて握ってみられた。

昭和十二年二月二十五日　連隊長、少将に進級せられ、歩兵第三十六師団に、ご栄転される内命あり。惜別の情こみあげて、祝詞を申し上げることができない。

昭和十二年三月八日　連隊長、告別の辞あり、一同別離惜しむ。偉なる哉、人格の力。教訓「悪かったら、悪くありましたと言え。よくって叱られたら黙っておれ。怒ったら負けだぞ」

昭和十二年三月十二日　牛島閣下を見送り、安東に出張、閣下の人格にふれるもきょうかぎりか。

昭和十二年三月十三日　安東発、牛島閣下転任の途につかれる。今もまだ、近くに居られるような気がいたす。会者定離《えしゃじょうり》。

第四章

チェスト行け部隊

◇日中戦争の発端・盧溝橋事件

第六師団（熊本）の隷下には歩兵第十一旅団（熊本）と歩兵第三十六旅団（鹿児島）があり、第三十六旅団は歩兵第二十三連隊（都城）と歩兵第四十五連隊（鹿児島）で構成されている。

第三十六旅団の新任旅団長である牛島の官舎は甲突川左岸、鹿児島市草牟田《そうむた》町にあり、元々は退役海軍大佐の自宅だったため、庭には古木が繁り、しっとりとした風情のある屋敷だ。

君子ら妻子は子供の教育のため東京を離れられず、東京の自宅から来たお手伝いのミヤが身の回りの世話をする約八年ぶりの故郷での気楽な単身生活を送っていた。

昭和十二（一九三七）年七月八日、翌日に古兵の帰休兵除隊を控え、浮き足立っている第三十六旅団の伊敷《いしき》兵営に「北支盧溝橋《ろこうきょう》において、日支両軍衝突」というニュースが飛び込んできた。六年前に勃発した満州事変以降、深刻さを増す日支関係悪化で、牛島ら軍幹部には身を固くする重大ニュースだった。

しかし、入営以来、一年半ぶりの帰郷を直前に控える古兵や、親しい先輩を送り出す支度に忙しい新兵には事態の大きさがのみ込めなかった。八日夜は兵営のあちらこちらで送別会が開かれ、「お世話になりました」「お元気で」とあいさつが交わされ、アルバムを広げ、互いの写真を交換する姿などが見られた。

除隊当日の九日午前四時。暁の静寂《しじま》を破るラッパが営庭に鳴り響く。週番士官集合である。第六師団からの電報が届いた。

九日の帰休兵除隊延期せよ

朝の点呼の際、正門前に「歓迎」の幟《のぼり》を持ち、迎えに来ていた郷党の人々がひしめいている。きょう除隊するはずだった古兵の心中はいかばかりだっただろうか。第四十五連隊長の神田正種はせめてもと、一日臨時外出を許可した。

日華事変（日中戦争）の発端となった「盧溝橋事件」は北京郊外の盧溝橋付近で、華北分離工作のため、進駐していた支那駐屯軍が夜間演習中に射撃音を聞いて集合すると、一兵士が行方不明になっていた。支那駐屯歩兵第一連隊長であった大佐、牟田《むた》口廉也《ぐちれんや》（後に中将）は、同連隊第三大隊長から中国軍の銃撃を受けたとして反撃許可を求められ、「支那軍が二回迄も射撃するは純然たる敵対行為なり　断乎戦闘を開始して可なり」として戦闘を許可した。

牟田口は昭和十九（一九四四年）三月、インド東端の英印の拠点インパールを攻略するインパール作戦を強行、補給が途絶え敗走する退路は白骨街道と言われ、三万人以上の死者を出した。愚将といわれる指揮官によって、昭和二十（一九四五）年まで続く泥沼の戦いが引き起こされたのは歴史の必然だったのだろうか。

支那駐屯軍は河北省やチャハル（察哈爾）省を統治していた地方政権の冀察《きさつ》政務委員会（宋哲元委員長）の第二十九軍と戦闘を開始したが、九日に停戦成立、十一日に停戦協定が結ばれた。

しかし、現地情勢を把握できていない第一次近衛《このえ》文麿《ふみまろ》内閣は停戦協定を締結し、事態収束を迎えていた現地とは逆に同日、五個師団の派兵を決定し、事件不拡大の方針を崩し、宣戦布告もないまま、全面戦争に発展した。

あの日、除隊のはずだった古兵にも一気に荒野の戦地が現実味を帯びてくる。鹿児島の真夏の太陽が照りつける仮設敵演習で、汗を流す古兵に「しっかりとやいもそ（がんばろう）。たのみあげもんど（頼みますよ）」と牛島はいつもの笑顔で励ました。

◇支那軍討伐へ出征

昭和十二年七月二十七日十八時。ラッパの音で将校や准士官、見習い士官ら命令受領者が将校集会所に集合した。ついに動員令が下りた。命令を受領した将校を囲んで、全員が総立ちになり、歓声を上げて抱き合った。敵は支那軍である。

三十一日には現役兵に加え、召集された応召兵も入隊し、出征準備が整い、軍装検査が行われた。兵員約四千人を前に牛島が訓示する。

「祖国非常の秋《とき》にあたり、薩摩、大隅、日向の三州健児の面目を発揮すべし」

出陣は八月一日、兵営から続く、伊敷街道は小旗を持った小学生や婦人会などの見送りの列が幾重《いくえ》にも連なり、部隊が出発する度に城山頂上で花火が打ち上げられる。牛島も副官とともに、馬に乗り、正門を出る。官舎を出て兵営に行く際、副官の夫人を見かけた牛島は「駅まで見送りなさい」と声をかけた。

しかし、「武人の妻は主人の出陣をあまり遠くまで見送るものではない」と諭されていた夫人は草牟《そうむ》田《た》の通りで引き返し、出征部隊を壮行する歓呼の嵐を見ることはしなかった。若妻に夫の晴れ姿を見せてあげたいという牛島の細やかな心配りだった。

軍用列車で門司に行き、門司港で輸送船に乗り換え、朝鮮の釜山《ふざん》港に到着、京釜《けいふ》線や京義《けいぎ》線で一路北上、わらを敷いた六十名収容の貨車は灼熱となった。鴨緑江《おうりょくこう》を越え、奉天《ほうてん》、錦州《きんしゅう》を経て、十三日に山海関《さんかいかん》に到着する。

第六師団編成の概要は次の通り。

第六師団（熊本）師団長　中将　谷寿夫
　参謀長　大佐　下野一霍
　作戦主任参謀　大佐　佐藤幸徳
　情報主任参謀　少佐　藤原茂
　後方主任参謀　大尉　岡田重美
歩兵第十一旅団（熊本）旅団長　少将　坂井徳太郎
歩兵第十三連隊（熊本）連隊長　大佐　岡本保之
歩兵第四十七連隊（大分）連隊長　大佐　長谷川正憲
歩兵第三十六旅団（鹿児島）旅団長　少将　牛島満
歩兵第二十三連隊（都城）連隊長　大佐　岡本鎮臣
歩兵第四十五連隊（鹿児島）連隊長　大佐　神田正種
騎兵第六連隊（熊本）連隊長　中佐　猪木近太
野砲兵第六連隊（熊本）連隊長　大佐　藤原謙
工兵第六大隊（熊本）連隊長　大佐　中村誠一

輜重《しちょう》兵第六大隊（熊本）連隊長　大佐　川真田国衛

この中で、師団の要ともいうべき作戦主任参謀に佐藤幸徳が名を連ねているのが目を引く。今回の出兵のきっかけとなった牟田口が強行したインパール作戦で、第十五師団（愛知・豊橋）、第三十三師団（仙台）とともに、第三十一師団（タイ・バンコク）を率いた佐藤は三千メートル級の山々が連なるアラカン山脈を越え西進、インパール北方のコヒマを占領する。コヒマを占領すれば、インパールは干上がるはずだったが、空輪で次々と物資が投下され、逆にコヒマが激しい攻撃に晒される。

佐藤は作戦前から補給の困難を主張しており、猛攻で玉砕を決意した守備隊長の告別電が届いたことで、コヒマ放棄と撤退を独断で決めた。すでに一ヵ月以上も補給が途絶えていた。

陸軍刑法第四十二条（抗命罪）に反する日本陸軍初の抗命事件である。佐藤は牟田口の逆鱗《げきりん》に触れ、師団長を更迭される。第三十三師団長の柳田元三、第十五師団長の山内正文も更迭され、すべての現地司令官が更迭されるという異常事態だった。

すでに死刑を覚悟していた佐藤は軍法会議で牟田口の作戦強行を糾弾するつもりだった。作戦の杜撰《ずさん》さが明るみに出て、強行した責任を問われることを恐れた牟田口と陸軍上層部は、佐藤を「精神錯乱」ということにし、ジャワ島に幽閉した。

佐藤は戦後、多くを語らなかったが、牟田口に対する抗命で、多くの兵士の生命が救われたのは確かだった。

◇次々と敵陣地を占領する「チェスト部隊」

牛島率いる第三十六旅団は八月十五日、北京南方の黄村《こうそん》に到着、第一軍（司令官・香月清司《かつきよし》中将）隷下で戦闘配置についた。北京北方では蒋介石直系の国民政府軍中央第十三軍に対し、第五師団（広島）と関東軍から先遣された独立混成第十一旅団が交戦、西南方では精強を持って知られる中央第十四軍に第二十師団（朝鮮・龍山）が攻撃していたが、苦戦を強いられていた。西南方に位置していた第十四軍が北上し、第五師団の左側面に迫ろうとしていた。

第六師団長の谷は第五師団の左側背を援護するため、牛島に攻撃を命じる。

「チェスト行け！」

歩兵第二十三連隊を急派、牛島も自ら第四十五連隊を率い、安家荘に急進。九月二日、二十三連隊を左翼に展開し千軍台の敵を、第四十五連隊は下馬嶺の敵の攻撃を命じる。牛島旅団の緒戦が始まった。

一千メートルの高地を確保している敵が激しい砲撃を加える中、友軍機の爆撃と対地射撃の援護を受けながら斜面を上り、敵陣地に突撃、一つひとつ敵陣地を制圧するごとに大きく日の丸が振られる。この光景を双眼鏡で確認すると、牛島は大きく頷いた。旅団司令部にも迫撃砲弾が着弾、爆音とともに土煙が上がる。ひやひや顔の部下を気にも留めず、双眼鏡を覗いたままだ。従軍僧の武友泰仙が「危ないですよ」と声をかけると、「俺には弾《たま》の方がよけるよ。君の方こそ危ないぞ」と平然としたものだった。

第二十三連隊長の岡本鎮臣と、第四十五連隊長の神田正種を信じ、干渉はせず、ただ戦況を見守り、負ければ指揮官として責任を取る。牟田口と大きく異なる牛島の姿勢は常に一貫していた。前線の将兵も旅団長が戦いぶりをつぶさに見ていることを知り、さらに戦闘意欲が湧き上がり、次々と敵陣地を占領していった。

九月八日、第四十五連隊は下馬嶺を占領する。十三日には激戦を続けていた第二十三連隊がついに千軍台を占領し、北京進出を目論んでいた第十四軍は壊滅的打撃を受け、西に退却した。

「チェスト行け！」のかけ声とともに、勇猛果敢に突進していく将兵の戦闘ぶりに「チェスト部隊」とあだ名され、第二十三連隊は第一軍の香月司令官から感状がおく

千軍台下馬嶺附近の戦闘要図　昭 12.8.20～昭 12.9.13

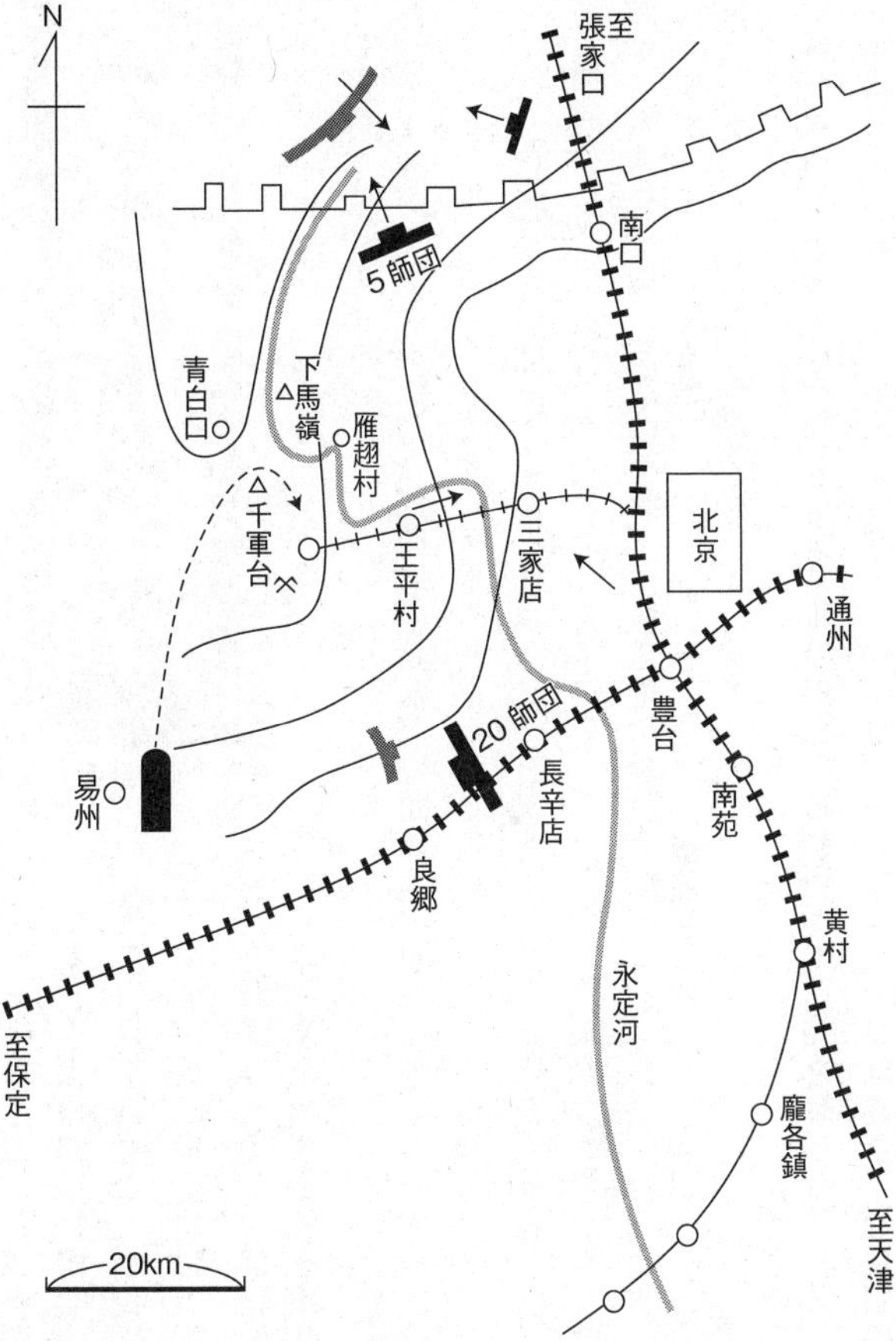

牛島満の書「チェスト行け」＝昭和十八年

られた。しかし、この戦闘で第三十六旅団は将校七人、准士官以下百七十人が戦死、将校十三人、准士官以下三百五十八人が負傷するという予想を上回る犠牲を出したことは断腸の思いであった。

千軍台戦死者の慰霊祭が行われ、僧侶の武友が慰問のサイダー片手にあいさつに行った。すると、牛島はすぐさまサイダーの栓をポンと抜く。

「閣下、これは拙僧が慰問のために持ってきたものですから」とあわてる武友に、「人の好意を無にするやつは犬に食われて死ぬがよい。さあ飲め飲め」とサイダー瓶を手渡す。無欲な牛島に武友は高潔な禅僧を重ね合わせた。

◇師団長よりも現場を知る部下を重んじる

保定《ほてい》城を攻略した後、休む間もなく華北の拠点の石家荘《せっかそう》への追撃を命じられる。追撃準備に追われている最中、駐留している村を歩いていた牛島は農家で野良着のまま横になり、けがをしている老婆を見つけた。思いつくままの中国語で話しかけると、大柄な牛島はヒョイと老婆を抱え、そのまま診療所まで背負って行き、手厚く治療するように頼んだ。日本の将軍の行動に村民が胸を打たれたのは当然だが、部下も大いに心を動かされ、牛島隊は一つにまとまっていく。

牛島率いる追撃部隊は第六師団の歩兵第四十五連隊を主力に、歩兵第五十連隊第三大隊（松本）、歩兵第八十連隊（朝鮮・大邱《たいきゅう》）などの混成部隊で、木々が生い茂る内地とは別世界の砂丘が広がる荒れ地を四十キロの装備を背負い、一日数十キロの進撃を続ける。時折、残された敵陣地に潜む残存兵と散発的な戦闘も起き、油断はできない。九月三十日に保定を出撃した部隊は夜も昼もない二百キロの強行軍で十月七日、中国軍が待ち構える正定《せいてい》城近郊に到着した。

この行軍から新たな同行者が加わっている。珍太郎と名付けられた十代の中国人だ。珍太郎は千軍台の戦闘で捕虜になり、牛島は司令部の当番に使った。頭のいい子で、牛島と寝食を共にするうち、大抵は日本語で事が足りるようになり、服を持っていなかったため、軍服を借り将兵と同様に遇せられる。

その後、牛島隊が転戦しどんどん南下しても、「どうしても日本まで行く」と言ってついて来る。いつのまにか南京まで来た。さすがに、牛島は「長い間、ご苦労だった。ここらあたりで故郷の山東省に帰れ。そして親孝行せよ」と言い、自前の金で旅費と給金を手渡し、どうにか故郷に帰ることになった。

牛島隊が攻め落とそうとしている正定は厚さ十メートルの城壁に囲まれた周囲十六キロの四角い城塞《じょうさい》都市で、城壁の周囲にはさらに幅十メートル、背丈ほどの深さの濠《ほり》がめぐらされ、城壁には覆いが付いた銃座が備えられ、堅固な要塞と化していた。

正定の南には滹沱河《こだか》が流れており、師団長命令は鉄道が通っている「城塞の東北から重点に攻めよ」だった。城の正面といえる東北側よりも、背後を突くことになる西北側を重点的に攻める作戦を神田が意見具申《ぐしん》した。先遣隊で現地をよく知る部下の言葉を信じ、師団長命令とは逆の神田案を牛島は諒《りょう》とした。

◇勇名轟かす疾風怒濤の牛島旅団

正定には軍官学校があり、同校の教官と生徒が死守する構えを見せている。四十五連隊を城の西側から、二十三連隊を東側から攻撃する準備を進め、八日早朝、総攻撃が決まった。「燈火を見せるな」という声がかかる中、二十三連隊の小隊長、佐藤正一は総攻撃直前、待機している塹壕《ざんごう》で最後の訓示をする。

「人間、畳の上で死ぬのも、長生きして死ぬのも、長い目で見れば針の先のように同じものである。いま正定城を前にして、国に命を捧げるのは男として本懐ではないか」

霧の中、独立装甲車第六中隊の三台が敵陣に進み、西側城壁から一斉に猛火が吹く。爆音とおびただしい黒煙が上がる。その中、三台が鉄条網を引きずり、帰還。「鉄条網は一線のみです」と報告する。野砲の猛烈な援護砲撃を合図に、発煙筒の煙がもうもうと立ちこめ、一団となり城壁に梯子《はしご》をかけ、よじ登ろうとする兵士に手榴弾と敵弾が飛んでくる。城壁に絡まったつるが滑り、うまく足がかからない。一人越え、二人越える。城壁の上から灰色の軍服の兵士が東門に敗走するのが見えた。

東側の二十三連隊は敵の退路で待ち構え、一気に攻撃。午後六時には東西とも完全に占領した。

この激闘で佐藤は戦死。四十五連隊の加隈鵬介も腹部に銃弾三発を受け戦死する。血に染まった腹を押さえ、加隈は赤鉛筆を手にし、地図を取り出した。

連隊長殿、大隊長殿、中隊長殿、綾子
お先にまいります、姉上、加隈家をたのむ
西、おれも行くぞ

綾子は故郷で帰りを待っている姉で、西は数日前に戦死した部下の名である。加隈は日露戦争の軍神、広瀬武夫の「正気歌《せいきのうた》」を「死生命有り論ずるに足らず 鞠躬唯応《きっきゅうただまさ》に至尊《しそん》に酬《むく》ゆべし」と絶え絶えに口ずさみ、息を引き取った。

激闘を制した牛島旅団は城内に入らず、城壁の外で夜を明かし、翌日には滹沱河の渡河作戦に着手する。「チェスト行け部隊」の疾風怒濤の突進ぶりに中国側と日本側がともに驚愕、「日本に牛島旅団あり」の勇名を轟かせた。

後日、牛島の下に師団長命令が届く。重点地点を独断で変更し、師団長命令に背いた「謹慎処分」だった。

作戦変更を提案した神田が占領報告のため、司令部を訪ねると、牛島は軍人勅諭を墨書していた。

「神田君、本当によく頑張ってくれた。俺の方は師団長閣下から謹慎を命じられたよ。今、それを実行しているところだ。雑念が払われ精神が統一され、心身ともに洗われるようだ」「旅団長閣下に私の意見を容れていただき、心から感謝しております。おかげで予想よりも損害が少なくすみました。ご迷惑をおかけしたことを深くお詫び致します」

遠く離れた上司命令よりも、現場を最もよく知る部下を信頼し、決断する姿勢は自決間際まで揺らいだことはなかった。

◇軍規粛正の徹底

高さ十五メートル、幅十メートルの城壁が周囲三十五キロに渡る古城「南京城」が眼前にそびえる。城の北西を悠然たる長江が流れる南京は昭和二（一九二七）年、蔣介石により中華民国の首都に定められた。

城門も大小十九があり、住民の七割は城内に住んでいたが、昭和十二（一九三七）年八月に第二次上海事変が勃発すると、戦禍を免れようと、避難し始め、十一月に上海が占領されると、慌ただしさが増し、長江を渡り、数十万人が避難した。それでも、船賃も払えないような貧しい住民二十万人ほどが城内に残っていた。米国人らで構成する国際難民委員会に管理を委ねて市長の馬超俊らも避難、無法地帯となった城内では空き家を狙った略奪が横行するようになっていた。

松井《まつい》石根《いわね》大将率いる中支那方面軍の第十三師団（新潟・高田）が鎮江、第十六師団（京都）が湯水鎮、第九師団（金沢）が淳化鎮、第百十四師団（宇都宮）は楊山、牛島の所属する第六師団は板橋鎮と、南京城をぐるりと日本軍が包囲する形になっていた。

攻略作戦を目前に控え、松井は十二月七日、軍規を厳守するように隷下の部隊に

「南京城攻略要領」を示達した。敵司令官や市当局者が残っている場合は開城を勧告

し、平和裡に入城することなどの他に、「南京攻略と入城における注意事項」があった。

一、皇軍が外国の首都に入城するは有史以来の盛事にして永く竹帛《ちくはく》に垂るべき事績たると世界の斉《ひと》しく注目しある大事件なるに鑑み正々堂々将来の模範たるへき心組を以て各部隊の乱入、友軍の相撃、不法行為等絶対に無からしむるを要す

二、部隊の軍紀風紀を特に厳粛にし支那軍民をして皇軍の威武に敬仰帰服せしめ苟も名誉を毀損するか如き行為の絶無を期するを要す

三、別に示す要図に基き外国権益特に外交機関には絶対に接近せざるは固より外交団が設定を提議し我軍に拒否せられたる中立地帯には必要の外立入を禁し所要の地点に歩哨を配置す又城外に於ける中山陵其他革命の志士の墓及明孝陵には立入ることを禁す

四、入城部隊は師団長が特に選抜せるものにして予め注意事項特に城内外国権益の位置等を徹底せしめ絶対に過誤なきを期し要すれば歩哨を配置す

五、掠奪行為をなし又不注意と雖火を失するものは厳罰に処す軍隊と同時に多数の憲兵、補助憲兵を入城せしめ不法行為を摘発しむ

首都である南京には領事館や外国報道機関、学校、病院などがあり、いかに軍規粛正の徹底を求めているかがよくわかる。辛亥革命で亡くなった兵士の墓地に立ち入ることを禁止する気の使いようだった。

◇南京総攻撃を前に……

七日、日本軍が外郭防御陣を突破する。軍事委員長でもある蔣介石が八日、「南京を死守すべし」と言い残し、航空機で南京を脱出すると、雪崩を打つように将兵や官僚が一斉に避難、城内は大混乱に陥った。しかし、南京衛戍軍司令官の唐生智率いる十万の兵士は残り、長江に通じる城門の邑江門《ゆうこうもん》以外は固く閉ざされ、反撃の準備を進めていた。

まだ多くの民間人が城内に残っていることを憂慮した松井は中国軍に対し、降伏勧告をすることに決め、通訳の岡田尚が中国語に訳した降伏勧告文書数千枚を九日、陸軍機により、城内外に投下した。回答期限は十日正午に定められている。

十日正午、岡田を従えた中支那方面軍参謀長、塚田《つかだ》攻《おさむ》少将（航空機事故で死亡、没後大将）が中山門の外で中国軍使者が出てくるのを待ったが、門が開かれることはなかった。

失意の松井はその日午後、総攻撃を命令した。牛島旅団は左翼隊に属し、城の西北方に移動し、水西門（西）を攻撃、さらに邑江門に迫り、敗走兵の長江渡河を妨害することになった。午後六時、葦が茂る湿地帯を前進する。

十二日払暁、城壁の一キロ地点まで接近した。第二十三連隊は西南角、第四十五連隊は水西門と突撃目標が定められる。

総攻撃を前に牛島はいつも通り、用を足しに茂みに入った。戦死した際、見苦しい姿を見せないように、戦闘前の武士のたしなみとして部下にも勧めていた。まだ夜も明けず、辺りはぼんやりとほの暗い。

軍刀と拳銃を腰から外し、しゃがみ込んだところで、ヌーと黒い人影が現れた。銃を持った中国兵。それも一人、二人ではない。できる限り落ち着いたそぶりで、ズボンを引き上げ、牛島は手招きしながら言った。

「你来来（こっちへ来なさい）」

堂々とした声に、あっけに取られた中国兵は銃を捨て、十一人が捕虜となった。十一人はそのまま使役として牛島旅団に使われ、この後の戦闘にも常に同行することになる。

「野糞といっても敵陣近くでは軍刀や拳銃を肌身からはなしてはいけませんよ。ポンとやられればそれっきりじゃったが」

後に牛島は笑い飛ばした。

◇陸海軍の南京入城

いつ総攻撃命令が出るかわからず、緊張と昂揚が旅団全体を包んでいる十二日正午、牛島の攻撃命令が発せられた。

牛島本部隊命令
一、旅団は十二日十六時を期し、第二十三連隊をもって南京城西南角を奪取せんとす
二、古来、勇武をもって誇る薩隅日三州健児の意気を示すは、まさにこの時にあり。各員、勇戦奮闘、先頭第一に、南京城頭に日章旗をひるがえすべし
チェスト行け

昭和十二年十二月十二日
旅団長　牛島少将

「チェスト行け！」の掛け声とともに勇躍、第二十三連隊将兵が次々と十五メートルもある城壁によじ登る。半分ほどの将兵が城壁上に登った時、最後尾で戦況を見ながら、指揮をしているはずの牛島が登ってきた。中隊長も大隊長も連隊長も登っていない中、旅団長が姿を現した。

城壁の下で中隊長が止めたが、牛島は「大丈夫だ」と言い、そのまま登ってきたのだ。

牛島旅団長の存在があれば、中国軍の逆襲も恐れるに足らずと、士気は一気に高まる。ようやく登ってきた中隊長の発声で全員が万歳三唱をする。

第二十三連隊は西南角を占領、城内に突入、第四十五連隊も午後九時、放送局である南京中央広播電台を占領する。城内の中国兵は退路を求め、邑江門に殺到、壊乱状態となり、絶え間なく市街戦が発生、銃声がこだまする。十三日、南京城が陥落した。

敗残兵掃討のため、第二十三連隊は城内を邑江門に向かい、なおも前進、塹壕や建物から飛び出てくる敵兵とつかみ合わんばかりの白兵戦《はくへいせん》を展開する。

南京城　攻撃要図

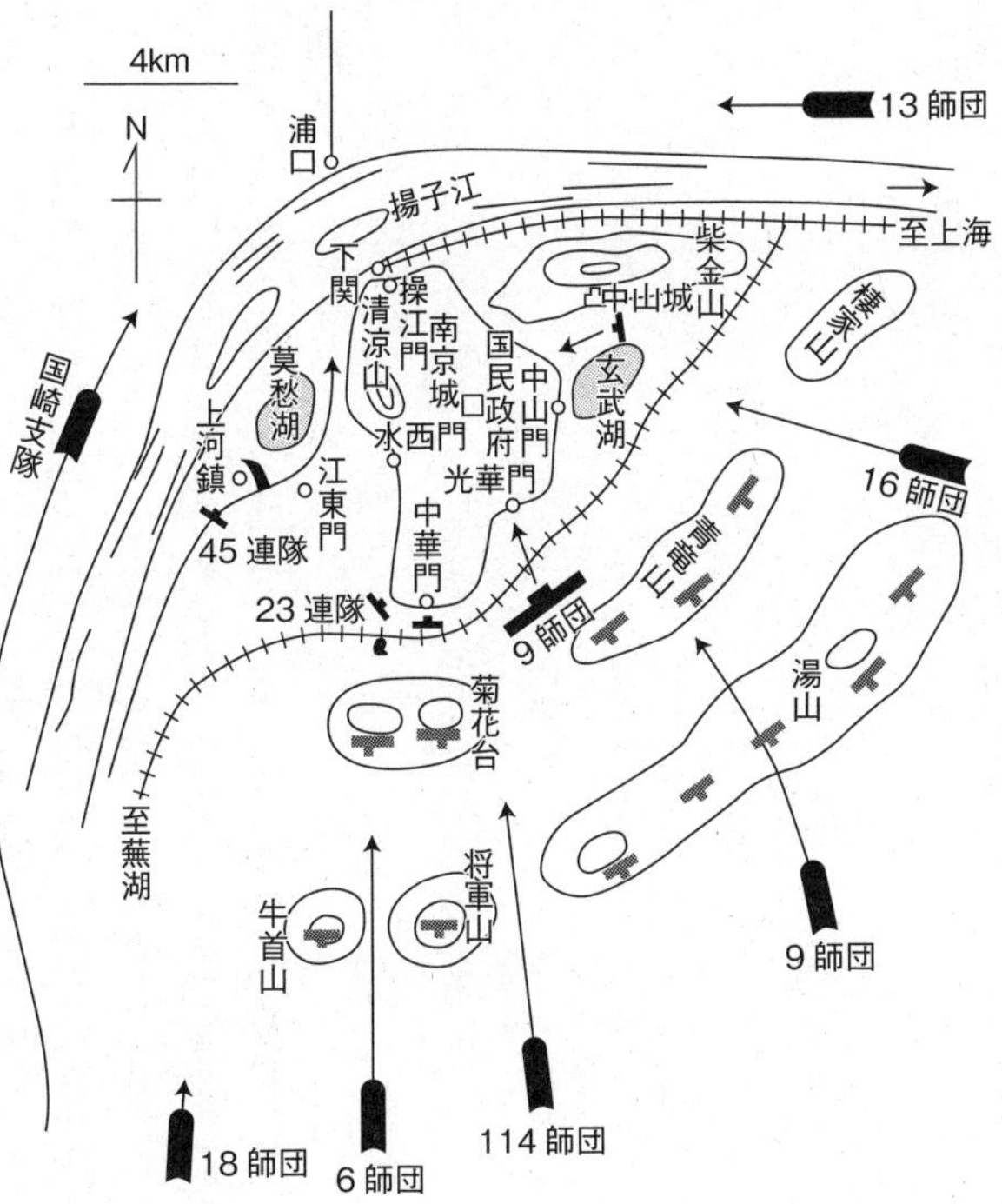
4km
N
浦口
揚子江
至上海
13 師団
下関
操江門
清涼山
南京城
国民政府
中山門
中山城
柴金山
玄武湖
棲霞山
莫愁湖
上河鎮
江東門
水西門
光華門
中華門
16 師団
国崎支隊
45 連隊
23 連隊
9 師団
青竜山
湯山
菊花台
至蕪湖
将軍山
牛首山
9 師団
18 師団
6 師団
114 師団

長江渡河地点の下関封鎖を命じられ第四十五連隊は城壁を時計回りに回り込み、抵抗をやめない敵兵と銃撃戦を繰り広げながら前進を続ける。十四日、両連隊ともに下関に達し、完全に南京を制圧、十七日、陸海軍による入城式が挙行された。

南京攻略の司令官を務めた松井は戦後、戦争犯罪人として逮捕、極東国際軍事裁判で死刑判決を受ける。昭和二十三（一九四八）年十二月二十三日、巣鴨プリズンで刑が執行された。辞世の句が残されている。

天地も人も　うらみずひとすじに　無畏を念じて　安らけく逝く

第五章　日米開戦

◇満州で聞いた対米開戦への驚愕と落胆

昭和十六（一九四一）年十二月八日午前三時二十分（現地時間七日午前七時五十分）、連合艦隊司令長官、山本五十六《やまもといそろく》率いる帝国海軍機動部隊はハワイのオアフ島真珠湾の米太平洋艦隊基地を攻撃。機動部隊は十一月二十六日、千島の択捉島《えとろふ》単冠湾《ひとかっぷわん》を進発し、空母を除き、米太平洋艦隊を壊滅する。ついに日米開戦である。

この時、牛島は中将に進級、十六年十二月から、満州の新京の南にある公主嶺学校長を務めていた。同校は昭和十四（一九三九）年に創設され、関東軍の歩兵、砲兵、工兵の連隊長を務める佐官学生の指導教育や、陸大卒業直後の将校の実兵指揮など陸軍唯一の総合訓練実施学校だった。一箇師団相当の編成を持ち、戦時には関東軍の総予備兵団となる。

公主嶺以前、牛島は第十一師団（香川・善通寺）の師団長を務め、ソ連と満州国境を流れるウスリー河畔に位置する虎林に司令部を置き、長大なソ満国境で防衛警備に当たっていた。第十一師団は初代師団長が乃木希典《のぎまれすけ》で、その後もシベリア出兵や上海事変に動員された輝かしい戦歴を持つ師団だった。

公主嶺校長官舎は総檜造りの豪奢な家屋で、牛島は「もったいない」と言いながら、

第十一師団長時代の牛島満
＝北満・虎林で昭和十五年

家族を東京に残したまま、単身生活を続けていた。官舎では朝、鬼気迫る示現流の気合いが聞こえる。鹿児島の知人から贈られた柞《ゆす》の木剣の素振りが日課だった。干城たる者は日頃から心身を鍛え、常在戦場の覚悟であれ、が持論だ。軍学校といえどもいつ動員されるかわからない。その際には校長が師団長となり、戦地に赴くことになる。

干城となる覚悟を決め、熊本陸軍地方幼年学校に入学してからすでに四十年、薩摩弁でウドの大木である「うどさあ」といわれた牛島も五十四歳になっていた。

対米開戦の報告を聞いた際、合理主義者である牛島は驚愕するとともに落胆した。帝国陸軍創設以来の仮想敵国はロシアである。牛島は長引く中国大陸での戦争にも矛盾を感じ、早急に収拾し、一刻も早く対ソ防衛に万全の態勢で臨まなければならないというのが口癖だった。それが今度は太平洋でも戦火を交えるのはいかにも無謀に映った。

ソ満国境を防衛する最前線の第十一師団長からの横滑り人事での公主嶺学校長就任も、部下の信任が厚く、中国戦線において軍首脳部と反対の意見を持つ牛島を軍上層部は第一線から遠ざけたともいわれた。

◈清水鉄男との再会

公主嶺学校の入校式。校長訓示後、整列した入校生全員が横一列に並び、校長との対面式を行った。一人ひとりの入校生に会釈しながら歩いていた牛島がふと足を止めた。

「よお、清水か。お前も来たか。ここでもう一度、相撲をやらんか。次の日曜日に俺の官舎に来い。午前十時に来るんだね」

突然の校長の言葉に副官や教官、入校生は一同唖然《あぜん》とする。鹿児島一中の配属将校時代、鹿児島商業との野球の試合で、判定を巡り暴動寸前となり、その勢いのまま照国神社に祝勝報告を行うという列の先頭にいたのが応援団副団長の清水鉄男だ。祝勝

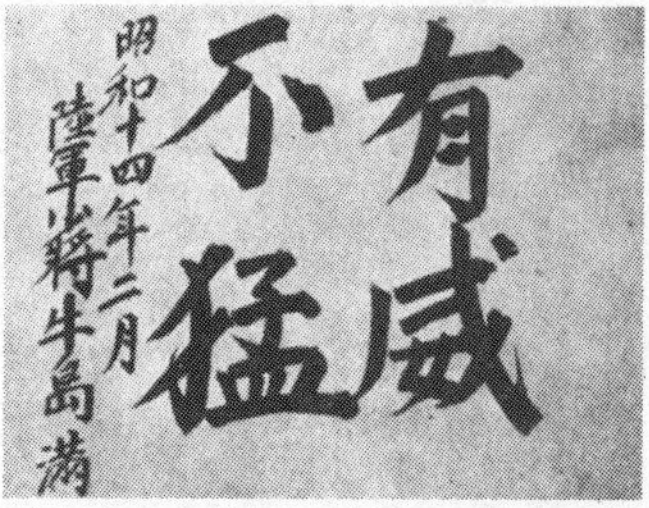

牛島満の書「有威不猛」＝昭和十四年

報告をやめさせようとする牛島と清水が取っ組み合いになり、清水を一晩、柔道場に縛りつけていたことがあった。この軟禁事件以来、牛島の人柄に感化された清水は卒業後、陸軍士官学校第四十六期生となった。

翌日曜日、同僚とともに官舎を訪れた清水らを牛島は皿いっぱいの豚肉料理などで歓待するが、雲の上の校長の目の前とあって、だれもが緊張がほぐれなかった。そんな空気を察した牛島が笑いながら、一中時代の清水との取っ組み合いの話をすると、ようやく雰囲気が和み、談笑が始まった。

◇国の行く末を危惧する牛島

軍事評論家で海軍部内に通じ、大海軍記者ともいわれた伊藤正徳《いとうまさのり》は著書の中で、こう書いている。

> 小学校の校長にもよし、大学の総長にしてもよし。おおよそ校長として牛島ほ

ど似合いの人はいない

歩兵学校教官（大尉）から始まり、鹿児島一中配属将校（少佐）、戸山学校教育部長（大佐）、予科士官学校幹事（少将）、予科士官学校長兼戸山学校長（同）、公主嶺学校長（中将）と陸軍人生の四分の一を教育者として過ごしていた。

昭和十七（一九四二）年四月、今度は陸軍士官学校校長に就任する。帝国陸軍精神の源泉であり、陸軍最大の教育機関である。

大将かそれに準ずる先任中将が就任するのが慣例で、牛島はまだ三期早かった。先々代校長で航空総監に転出していた土肥原賢二《どいはらけんじ》が「牛島が適任である」と強く推薦した結果といわれている。

土肥原は対中強硬派で、特務機関畑が長く、終戦後、極東国際軍事裁判で死刑判決を受けた。中国が極刑求刑を強硬に主張したといわれる。辞世の句が残っている。

天かけり　のぼりゆくらん　魂は君が代千代に　護るならべし

陸軍士官学校長就任直前、シンガポールが陥落するなど日本軍が破竹の進撃を続け、国中が戦勝気分に浸り、陸士でも楽観的雰囲気が蔓延していた。血と泥にまみれた大陸の戦場を駆け、教育者として自らも学ぶことをやめなかった牛島は憂慮すべき事態と感じ、全教官を召集する。

「戦局全般を冷静に判断したが、前途は極めて厳しい。特に米軍を中心とする連合国の豊富な物資と強大な兵力は、警戒を要するところである。日本軍の先制攻撃による戦果を過大に評価してはならん。候補生の間、そして教官の中にも楽観的観測をしている者がいるのは寒心に堪えないところである。まず、教官の諸君が戦局を冷静に分析、褌を締めてかからねばならぬ。戦争は厳しさの極限である。国家の興亡はもとより、己の生命をかけての闘いである。その点を候補生たちによく理解させてほしい。観念ではなく、実践にそった教育に徹せられたい」

幼い頃より郷中教育で「議を言うな」と言われ育ち、口数も少なく、訓示の短いことで知られていた牛島にしては珍しい訓示である。それほどに我が国の行く末を危惧していたということだろう。敗戦への道を突き進む契機となるミッドウェー海戦前、これほど正確に戦況を把握し、予測できていたことに改めて、牛島の視野の広さ、状況判断の確かさを感じる。

明確な校長方針が示されたことで、教授部戦術課長をしていた加藤道雄（後に少将、第三十軍参謀長）は圧倒的物量と強大な兵力を想定した実践的教育に変更、形骸化した戦術指導をする教官に対し、厳しい指導をするようになった。演習視察でも牛島は気づいたことや注意すべきことを帰校後、加藤に指摘した。候補生が居並ぶ現場で注意すると、教官の顔をつぶすことになるための配慮だった。

◈東條の命令を拒否「私が責任を取る」

ある日、生徒舎で火災が発生し、幹部室が焼失する事件があった。週番士官はすぐさま、校長官舎に電話を入れ、迎えの自動車を差し向けると報告した。
「私が行ったところで、別に火が消えるわけでもあるまい。まあ明朝出かければよかろう」

万事小煩《こうるさ》い東條英機首相（陸相兼務）に報告が上がることを考えると、相応の処分は免れない。関係者は悲壮な思いで、翌朝、牛島を出迎える。いつものように、馬で出勤してきた牛島は平常と変わらず、報告や詫びを聞き、「やあ昨夜はどうもご苦労」と一言だけ。現場巡視でも「まあけがかなくてよかった。それにしてもきれいに焼けたもんだな」と笑って、校長室に引き上げた。あまりの素っ気なさに居合わせた全員が拍子抜けする思いだった。

だが、火災の報告を受けた東條は、牛島に「責任者を厳しく処罰せよ。場合によっては最前線部隊に転出」という懲罰人事を命じる。

これに対して、牛島は「校長の私が責任をとる。中隊長、区隊長を刑罰的に最前線に送るなど絶対反対。私の目の黒いうちは抵抗する」との拒否。教育総監、山田乙三《やまだおとぞう》大将（後に関東軍総司令官）も懲罰人事には賛成せず、牛島と生徒隊長が謹慎処分になっただけだった。

放而不逸（放ちて逸せず）

教育者としての座右の銘だった。好きなようにさせるが、肝心の点だけは押さえるという意味だ。この火災事件も指揮官、教育者として牛島の信条をよく表している。

◇教え子の戦死の報と、候補生への訓示

昭和十八（一九四三）年四月、ブーゲンビル島で連合艦隊司令長官の山本五十六が乗った一式陸攻が撃墜され、国葬が営まれ、国民の士気が急速に低下。五月にはアリューシャン列島のアッツ島守備隊が全滅、初めて「玉砕」という言葉が使われ、その

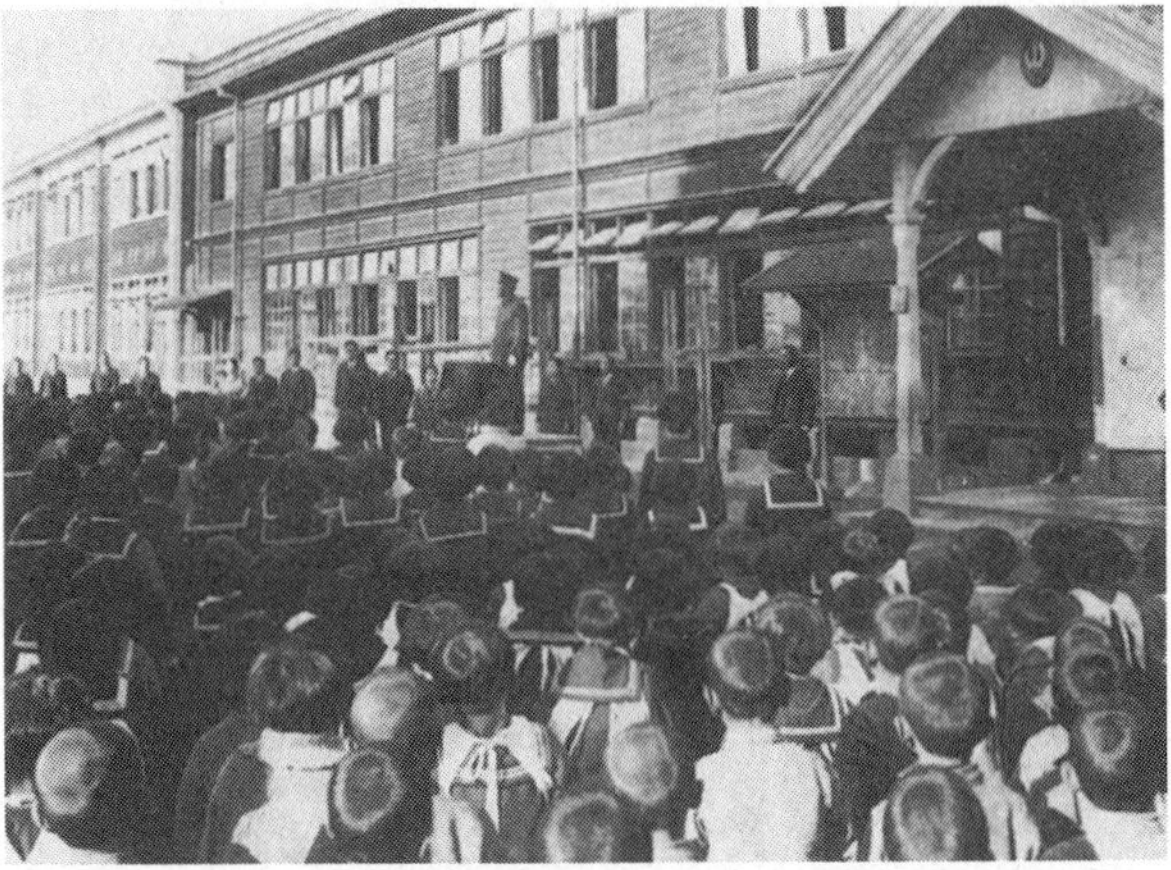

母校の山下小学校で訓示する陸軍士官学校長の牛島満＝昭和十七年

後も十一月にマキン島守備隊、タラワ島守備隊が相次いで玉砕する。

昭和十九年に入ると、戦局はますます悪化。ビルマ戦線ではインパール作戦で敗走、七月にはサイパン島守備隊も玉砕し、本土も戦略爆撃機B-29の激しい空襲に晒《さら》されるようになる。

続々と届くようになった教え子の戦死の報に際し、牛島は妻、君子にこうつぶやいた。

「私だけがのうのうと教壇に立っていては相すまぬ、戦死覚悟で奉公したい」

一人苦悩する夫の姿に君子も「主人は出征した方がいいかもしれない」と思うようになっていく。

陸士第五十六期（昭和十七年十二月卒業一千六百七十二名）、第五十七期（昭和十九年四月卒業一千二百六十八名）も壮烈な覚悟で戦場に旅立ち、お国のために若き命を散らすことになる。この言葉は初老に差し掛かった武人の本音であろう。

現在、学んでいる候補生も卒業後まもなく戦地に赴く。経験は少ないが、上官の命令に従い、若き将校として下士官とともに決死覚悟で楯となり城となり、国を守る最前線に立つ。幼さが残る顔に悲壮感漂う候補生に向かい、牛島は訓示した。

「上官と部下の間、同僚同志の間、または友軍相互の間、さらに戦場における現住民との間においても、厳然たる軍規があるほかに、人の和があることによって、軍隊はますます鞏固《きょうこ》なる団結ができるのである。この人の和は、平時の事なきとき、事が順調に進んでいるときは、誰にでもできるのであるが、真の人の和というものは、状況困難な時にこそ、それができなければならない。極端にいえば、戦況不利な時こそ、誰も不平を言わず、一致努力する軍隊でなければならない。物事が逆境に立ち、仕事が困難になると、お互いの努力が得られず、反発し合う。そのため、状況はますます悪くなる。君たちは部下を指揮する立場に立たねばならぬ。まず諸君自身が立派な軍人になれ。戦《いくさ》をして占領した場合、そこの民衆から慕われるような軍人になってほしい」

困難な状況にあればあるほど、陸軍内部や海軍との関係、現地住民との融和など「人の和」を尊ぶ姿勢が問われる。これは牛島が鏡鑑《きょうかん》とする軍人像であり、これまでの牛島の後ろ姿でもあった。

昭和十九年八月八日、沖縄守備隊第三十二軍司令官に新補《しんぽ》される。建国以来の窮地に陥っている沖縄の地に臨む。

隣近所や町村を上げ、万歳三唱のかけ声で出征を祝うのが通例だが、私事で人の手を煩わすことを嫌う牛島はこっそりと官舎を出る。飛行場まで見送りしたのは長女、麗子と五男、勇と君子の三人だけだった。

「君がいるから、子供のことも家のことも心配ない。それじゃ、行ってくる」

そう言って弁当の包みを軽く振ったのが最後の夫の姿だった。

圧倒的な米軍包囲網が沖縄に迫っている。

第六章

沖縄決戦前夜

◇二本立て進攻作戦で迫る米軍

タラワ島、マキン島を占領したチェスター・W・ニミッツ大将率いる米海軍太平洋艦隊機動部隊はすぐさま、太平洋を北上、艦隊碇泊地《ていはくち》として最適な世界最大の環礁《かんしょう》クエゼリンに迫る。クェゼリン島には海軍少将、秋山門造《あきやまもんぞう》以下五千二百名（うち陸軍千名）、環礁のルオット島、ナムル島にも海軍少将、山田道行以下三千名が守備を固めていた。

昭和十九年一月三十日、米軍は自軍の損害を最大限に少なくする常套手段として、上陸前に猛烈な艦砲射撃と空爆を加え、沿岸部の塹壕、飛行場、航空機などを破壊、通信も途絶させた。

二月一日、米海軍が上陸を開始。日本軍は少ない弾薬で塹壕から必死の反撃を見せるが、圧倒的兵力で進軍する米軍の前に玉砕する。戦死四千八百名、捕虜三百名。二日にはルオット島、ナムル島にも上陸、三日玉砕、戦死二千五百四十名、捕虜三百八十名に上った。

間髪《かんはつ》を容《い》れず、第一次世界大戦後から日本の委任統治領で連合艦隊泊地として海軍の一大根拠地であるトラック諸島を二月十七日に急襲、二日間にわたり空襲、巡洋艦

米太平洋艦隊司令長官
チェスター・W・ニミッツ
海軍元帥

三隻、駆逐艦四隻を始め、数多くの艦船、航空機を破壊し、輸送船に乗っていた陸軍将兵など七千四百名が戦死した。海軍も大打撃を受け、補給路が途絶したトラック諸島は終戦まで完全に孤立、飢餓に晒《さら》され、六千名の陸海軍将兵が餓死する。

　マーシャル諸島が占領されたことで、米海軍の次なる目標は本土空襲が可能になるサイパン島、グアム島、テニアン島のマリアナ諸島占領にあることは明白だった。しかし、陸軍参謀本部と海軍軍令部はニューギニア北岸からパラオ経由でフィリピンに侵攻と予測していた。その予測通り、米軍は五月二十七日、ニューギニア北にあるビアク島上陸を始め、連合艦隊は戦艦「武蔵《むさし》」「大和《やまと》」を救援に向かわせる。

　だが、六月十一日、サイパン島が激しい空爆に襲われる。十三日には大艦隊が姿を見せ、合計十八万発もの艦砲射撃を加え、日本軍が構築した陣地を破壊し、弾薬や食料を消滅させたうえでの上陸準備を始める。

　米軍内ではミッドウェー海戦での勝利以降、太平洋での主導権を巡り、ニミッツと米陸軍大将、ダグラス・マッカーサーが真っ向から対立、マーシャル諸島から、マリアナ諸島、硫黄島、沖縄と太平洋を西進し、日本本土と南方資源帯を分断すべきという海軍の主張と、ニューギニアからフィリピン・ミンダナオ島、台湾から日本本土を攻略すべきという陸軍の主張は平行線をたどっていた。

米統合参謀本部はニミッツの主張を支持していたが、「アイ・シャル・リターン」の言葉を残し国民人気が高いマッカーサーを無下《むげ》にできず、フランクリン・ルーズベルト大統領は妥協案として、双方の主張する作戦を並行して進めることを承諾していたため、ビアク島を襲ったのはマッカーサーが指揮する米軍で、サイパン島を襲ったのはニミッツが指揮する米軍だった。もともと兵力が乏しい日本の参謀本部や軍令部には二本立てで進攻作戦を行うという発想は思いつきもしなかった。

◇サイパン島陥落で関東一円に断続的な空襲

サイパン島を守備していた海軍中部太平洋方面艦隊司令長官の南雲忠一《なぐもちゅういち》中将は、陸軍二万八千名、海軍一万五千名を率いていた。

南洋庁の拠点だったサイパンには多くの民間邦人が居住していたが、昭和十九年二月、サイパンに補強される将兵を乗せた輸送船の帰りを利用し、婦女子や老人を帰国させる疎開計画が決定。多くの民間邦人がマリアナ諸島各島からサイパンへと集結した。

しかし、三月に五百人の民間人を乗せた「亜米利加丸《あめりかまる》」が米潜水艦に撃沈されるなど、米潜水艦の民間船への無差別無警告攻撃で輸送船が沈没、数多くの犠牲者を出したため、疎開は進まず、戦闘が始まった時でも約二万人の民間人が残っていたといわれる。十六歳から六十歳までの男性は防衛強化要員として帰国が禁止されていた。

六月十五日朝、米軍はチャランカノアの北部と南部の海岸から上陸を始めたが、上陸地点を予測し待ち構えていた日本軍の一斉射撃を浴び、上陸した二万名のうち、二千名が戦死する予想外の損害を出した。

水際撃退作戦で応戦する日本軍も劣勢、幾度となく夜襲を仕掛けるも、失敗し、北部に追い詰められる。七月五日、「われら玉砕をもって太平洋の防波堤たらんとす」の決別電報が発せられる。

玉砕命令書を手渡した南雲は七月六日、陸軍第四十三師団長の斉藤義次《さいとうよしつぐ》中将と第三十一軍参謀長の井桁敬治少将とともに、後にバンザイクリフと呼ばれるマッピ岬近くの洞窟で割腹し、自決をする。

命令を受けた三千名の将兵は七日午前三時、三組に分かれ、「天皇陛下万歳」と叫び、米軍陣地に突進、米軍が多数の死傷者を出すも、約七時間で全滅する。

米軍は民間人を保護することを放送やチラシで呼びかけていたが、当時の日本人が信じていた「残虐非道の鬼畜米英」や帰国船撃沈事件の恐怖イメージのために効果がなく、数多くの民間人（推定八千〜一万二千人）がマッピ岬から身を投げた。

戦闘が終わった後、米軍が保護した民間人は一万四千九百四十九人だった。このうちには、現地のチャモロ族二千三百人、カナカ族九百人も含まれている。

グアム島にも米軍は七月二十一日、上陸開始、八月十一日に日本軍が降伏。テニアン島には七月二十四日から上陸を始め、九月三日に完全に占領した。

マリアナ諸島陥落で関東一円はB‐29の航続可能な範囲となり、断続的な空襲に晒され、戦局は悪化の一途をたどった。

◇新作戦「捷号作戦」に着手

サイパンで激戦を繰り広げている六月二十三日、沖縄（南西諸島）防衛を任務とする大本営直轄の第三十二軍第十九航空地区司令官、青柳時香《あおやぎときこ》中佐（後に少将）はこう述べている。

「敵米は航空母艦を基幹とする機動部隊をもってサイパン島に集中攻撃し、西太平洋の洋心をして俄然《がぜん》熾烈化《しれつか》せしむると共に他に大機動部隊を後に待機せしめ我が比島《ひとう》（フィリピン）台湾南西小笠原諸島いずれかに大攻撃を企図する重大なる戦局を呈しあり。第三十二軍は沖縄全島の要塞化を目途とし作戦準備の急速を促進中なり」

第三十二軍は昭和十九（一八八六）年三月二十二日に新設され、「十号作戦準備要綱」の「本作戦準備は航空作戦準備を最重点とし爾他《そのほか》は事項は之に従属す」の方針に基づき、主任務は航空基地設営と基地防衛であり、飛行場建設が進められていた。このため、発足当初は飛行場部隊中心に編成された。

しかし、サイパン島陥落で、状況は一変、フィリピンや台湾、南西諸島、本土、北方地域にわたる決戦準備である「捷号《しょうごう》作戦」と呼ばれる新作戦準備に着手、全軍挙げ差し違える本土決戦も辞さない構えだった。

◇決死の将兵を前にした初めての訓示

八月十日、第三十二軍司令官、血色の良い顔色、堂々たる体軀の牛島満が小禄飛行場に降り立った。部下に万事を任せ、責任は自分が負う西郷隆盛や大山巌と同じ薩摩軍人の典型であることはつとに知られており、これまでの沈滞した空気は吹き飛び、第三十二軍の士気は大いに上がった。

背景には前任司令官の渡邉正夫中将が危機感を煽るあまり、県内各地で住民も軍とともに玉砕する覚悟を説いて回り、住民の不安を募らせたとして非難され、過労から病床にあったことがある。その心身ともに脆弱《ぜいじゃく》な渡邉に代わり、見るからに大人物の司令官到着は軍民間ともに安堵感を与えた。

八月三十一日、第三十二軍兵団長会同が行われ、牛島は初めて共に決死の戦いに臨む将兵を前に訓示をした。

　国歩漸《ようや》く難き秋《とき》死生を偕《とも》にするべき兵団長と一堂に会し其の雄風《ゆうふう》に接して所懐《しょかい》を開陳するの機を得たるは本職の寔《まこと》に本懐とする所なり　曩《さき》に本職八雲立つ大内山に召され乏《とぼ》しきを軍統率の重責を享《う》く恐懼《きょうく》感激何を以てか之に換へん
　惟《おも》ふに曠古《こうこ》の危局に直面せる皇国が驕米《きょうべい》を撃滅して狂瀾《きょうらん》を既倒に回すべき天機は今や目睫《もくしょう》の間に在り　而《しこう》して軍の屯《たむろ》する南西の地たる正に其の運命を決すべき決戦会戦場たるの公算極めて大にして実に皇国の興廃を雙肩《そうけん》に負荷しある要位に在り仍《すなわ》ち本職深く決する所あり
　恭《うやうや》しく明勅を奉じ慎みて前官の偉蹤《しょう》を踏み堅く部下将兵の忠勇に信倚し荘厳にして雄渾なる会戦を断行し誓て完勝街道を驀進《ばくしん》して聖旨に対《こた》へ奉らんことを期す

之が為茲《ここ》に本職統率の大綱を披瀝して要望する所あらんとす
第一、森厳なる軍紀の下鉄石の団結を固成すべし
常住座臥常に勅諭を奉体し之を具現に邁進すべし
特に上下相共に礼儀を守り隊長を中心として融々和楽の間明朗闊達戦闘苛烈を極むるも一糸乱れざる鞏固《きょうこ》なる団結を固成すべし然れども非違あらば断乎之を芟《せん》除《じょ》に些の躊躇《ちゅうちょ》あるべからず
第二、敢闘《かんとう》精神を発揚《はつよう》すべし
深刻なる敵愾心《てきがいしん》を湧起して常在戦場の矜持の下作戦準備に邁進《まいしん》し以て必勝の信念を固め敵の来攻に方りては戦闘惨烈の極所に至るも最後の一兵に至る迄敢闘精神を堅持し泰然として敵に撃滅に任せざるべからず
第三、速かに戦備を整え且訓練に徹底し断じて不覚を取るべからず
敵の奇襲に対し備えつつ築城の重点主義に徹し時日之を許さば之を普遍化し難攻不落の要塞たらしむと共に訓練を精到にして精強無比の鋼鉄軍たらしめ以て敵の奇正両様の猛攻に遇ふも断乎之を撃滅するを要す
第四、海軍航空及船舶と緊密なる協同連繋を保持すべし
今次作戦の成否は陸海空船四者の協同に懸ること極めて大なり宜しく進て関係

第三十二軍陣容（昭和十九年十月ごろ）

部隊と連絡し特に精神的連繋を保持し之が統合戦力の発揮に努むべし

第五、現地自活に徹すべし

極力資材の節用増産貯蓄等に努むると共に創意工夫を加えて現地物資を活用し一木一草と雖《いえど》も之を戦力化すべし

第六、地方官民をして喜んで軍の作戦準備に寄与して郷土を防衛する如く指導すべし

之が為懇に地方官民を指導し軍の作戦準備に協力せしむると共に敵の来攻に方りては軍の作戦を阻《そ》碍《がい》せざるのみならず進て戦力増強に寄与して郷土を防衛せしむる如

く指導すべし
第七、防諜に厳に注意すべし

この訓示にある「森厳なる軍紀の下……」「海軍航空及船舶と……」「地方官民をして喜んで……」などの「軍規を徹底させる」「人の和を尊ぶ」「住民を大切にする」は牛島がどの戦場、どの学校でも部下の将兵に求め、徹底的に守らせていたことである。「国歩漸く難き秋……」「運命を決すべき決戦会戦場……」の部分などから、牛島は沖縄決戦は日本の運命を決める決戦であることを認識していたことがわかる。「築城の重点主義に徹し……」「奇正両様の猛攻に遇ふも」の部分などから、日本軍から攻撃するのではなく、敵からの猛攻撃を受けることは織り込み済みであり、最悪の想定である本土決戦をできる限り有利に展開するために時間を稼ぐ持久戦と守備戦に徹することが決まっていた。

◇激しい非難もあったが疎開を断行

着任した牛島が最も腐心したのは県民の疎開であった。昭和十九年十二月三十一日の調査によると、県内総人口五十九万四百八十人（男二十六万五千五百三十八人、女三十二万四千九百五十八人）で、総世帯数十二万戸だった。

大本営陸軍部は十九年七月、沖縄作戦の可能性大とみて、政府は閣議決定にもとづいて、奄美大島、徳之島、沖縄本島、宮古島、石垣島の南西諸島からの老幼婦女子と学童を疎開させることを決めた。沖縄県庁に「疎開促進特別援護室」が設置され、沖縄県からは七月中、本土に約八万人、台湾に約二万人を疎開させる計画だった。

しかし、引き揚げとよばれた疎開は法的に強制力がなく、勧奨する形式をとったため、一家の大黒柱が先祖伝来の地に残り、老婦女子だけが未知の地に赴くことに対する抵抗が大きく、なかなか軌道に乗らなかった。

その一ヵ月前の六月、沖縄同様に戦場となる可能性が濃厚な硫黄島を含む小笠原諸島では強制疎開が始まり、軍属百五十名を残し、島民六千八百八十二人が伊豆諸島や本土へ強制疎開した。昭和二十年三月、硫黄島二万人が玉砕、父島や母島でも艦砲射撃と空襲で島民義勇隊など約四千五百人が戦死した。強制疎開した島民は二十四年後の昭和四十三（一九六八）年の小笠原返還まで帰島できなかった。硫黄島はいまだに帰島が実現していない。

本土まで約六百キロの航海には無差別攻撃を仕掛ける米潜水艦と艦載機が待ち構え、危険が伴うことが予想され、実際に六月二十九日に富山丸が遭難するなど輸送船が沈められ、多くの犠牲者を出していた。

七月中旬、率先垂範《そっせんすいはん》の意味合いもあり、県庁職員の家族らを乗せた第一船が鹿児島港に向け出港、順次、巡洋艦や駆逐艦、潜水母艦などで那覇港を出港した。疎開学童は国民学校の三年生から六年生の男子が原則で、四十人付に一人の引率教員が付き、南九州へ約五千五百人、台湾へ約一千人の学童が疎開した。

だが、牛島の心を痛める「対馬丸事件」が起きる。

台風接近による激しい風雨の中、八月二十一日十八時三十五分、「対馬丸」（六七五四トン）は学童疎開者一千五百十四人を乗せた「和浦丸《かずうらまる》」と一般疎開者約一千四百人を乗せた「暁空丸《ぎょうくうまる》」とともに、駆逐艦「蓮《はす》」と砲艦「宇治」の護衛で、長崎に向け、那覇を出港した。「対馬丸」には疎開学童約七百人、一般疎開者約一千人が乗船していた。

出港後の翌二十二日二十二時十五分、鹿児島の吐噶喇《とから》列島北西の海域で米潜水艦の攻撃を受け、沈没し、乗員乗客一千四百七十六人が犠牲者となった。漂流しているところを救助されたりし、生き残った学童はわずか五十九人、一般疎開者百六十八人だった。

この事件で県庁の疎開担当者は遺族らから、激しい非難を受け、疎開事業そのものに支障を来すようになった。それでも沖縄戦直前の昭和二十（一九四五）年三月まで実施され、延べ百八十七隻の艦船で、九州へ約六万人、台湾には那覇市を中心に約二千人、宮古、石垣などから約二万人が疎開し、八万人以上が県外疎開することができた。

◇沖縄占領を目指す史上最大の攻略作戦

昭和十九年十月三日、米統合参謀本部は米太平洋方面総司令官ニミッツに対し、「来年三月一日までに、琉球列島（南西諸島）で島一つ、あるいはそれ以上の島を確保せよ」と指令した。これを受け、ニミッツは全軍に「マッカーサーがルソン島を占領した後、全軍で硫黄島を占領、三月一日には琉球に地歩を確保すべし」と命令を下した。

真珠湾攻撃以来、三年あまりの歳月をかけ、太平洋を隔てること六千四百キロ、米軍は遂に日本の防衛線の内懐《うちぶところ》にも飛び込もうとしている。日本軍にとって沖縄陥落は早急に本土進攻に対する備えをするか、さもなければ降伏するかの二者択一を迫られることになる最終決戦である。沖縄攻略計画は「アイスバーグ（氷山）作戦」と名付けられていた。

米軍は太平洋中部の島伝いと、南西太平洋を通る二方面から日本本土に迫り、日本軍に休む間もなく圧力をかけ、陸軍のマッカーサーは昭和十九年十月、フィリピン攻略を開始し、翌年三月三日、マニラを占領する。フィリピンを追われる際、「アイ・シャル・リターン（必ず戻ってくる）」という言葉を残したが、その公約を果たす。

この時までも、日本は本土に上陸占領しなければ降伏しないと米軍はみていた。アイスバーグ作戦後は、第二段階の南九州に上陸するオリンピック作戦（一九四五年十一月～一九四六年二月）、最終作戦は関東平野に上陸するコロネット作戦（一九四六年三月）を展開する予定だった。

「ニューヨーク・タイムズ」の記事である。

沖縄を占領すれば、台湾、中国沿岸、日本本土のすべてが、B-29爆撃機はもちろんのこと、中距離及び重爆撃機の攻撃範囲に入り日本占領に王手がかかることになる。

琉球は海に浮かぶ最後の砦《とりで》なのだ。

米軍が沖縄を攻略すれば日本が占領するほぼ全域が攻撃圏内に入り、中国や南方からの海上輸送経路を遮断、本土攻略の後方基地となる。大陸から太平洋のとば口にあたり、中国大陸、日本、台湾に挟まれた沖縄は地政学上、戦略的利点が大きく、現在に至るまで、その事実は変わることはない。

アイスバーグ作戦は米軍にとり、日本軍と死闘を繰り広げた三年間の戦闘経験の集大成であり、史上最大の攻略作戦だった。上陸部隊だけで十八万三千名の兵員、七十四万七千トンの物資を十一の港から四百三十隻の艦船で輸送しなければならず、さらに占領した場合も継続しなければならないという輸送問題も浮上していた。

また米軍は三十万人もの民間人が住む戦場は太平洋地域では経験がなく、前線から退かせるとともに、占領後の軍政府が支障なく食料や医薬品を配布し、労働力としての人員確保が必要などの問題も抱えていた。

第七章 日本軍の迷走

◇暴れん坊と朴念仁、対照的な二人の参謀

米軍は牛島率いる第三十二軍をどう評価していたのだろうか。以下は米陸軍が分析した記述だ。

牛島は物静かな極めて有能な人物で、全軍将兵が心酔していた。大陸で歩兵師団の師団長をしていたが、沖縄赴任前は陸軍士官学校の校長を務めており、軍司令官になる際、参謀長の長勇《ちょういさむ》中将とともに軍参謀を再編成し、頭の切れる若い将校を持ってきて参謀とした。八原博通《やはらひろみち》大佐は作戦主任の高級参謀に任ぜられた。長は気性が激しい突進型の性格で、中国、マレー戦線などで高級参謀を務め、東京の陸軍省から赴任してきた。八原はすぐれた戦術家として名声を欲しいままにし、性格は大人しく判断には計画性があった。

牛島の円熟した判断力、長の軽快にして突進型の勢い、八原の機敏な識別力が第三十二軍を非常に強力な軍隊にしていた。

牛島を補佐する長と八原の二人の参謀は沖縄作戦で重要な役回りを演じることにな

る。

福岡県出身の長は熊本陸軍地方幼年学校から陸軍士官学校、陸軍大学校卒業。参謀本部支那《しな》課に配属され、中国各地の駐在武官となる。

陸大卒のエリートであるが、正義感が強く大酒飲みで喧嘩っ早い、上官をも恐れぬ横紙破りの長は豪快な逸話には事欠かない。長を最も有名にしたエピソードはソ連と朝鮮、満州国境で起きた張鼓峰《ちょうこほう》事件だった。

三国国境の張鼓峰で、昭和十三（一九三八）年七月二十九日、ソ連が満州と朝鮮国境付近に侵入、撃退しようとした朝鮮軍第十九師団（朝鮮・羅南）と衝突、日本軍戦死者五百二十三名、ソ連軍七百十三名が戦死する大規模な紛争事件に発展した。停戦協定に臨んだ日本側代表が長大佐である。

八月十一日午後八時から始まったソ連極東軍参謀長シュテルンとの会談で、朝から、酒を飲み、にんにくをいくつも食べていた長が握手を求めるとシュテルンは思わず顔をそむけ、これが長の威圧感に押されたようにも見えた。すぐさま長は「これは日本軍の最後の案です」と言ったまま、敵から丸見えの丘の上で、雷のようないびきをかき、椅子で寝入ってしまう。起こされた時にはシュテルンが停戦協定に同意した後だった。不利な状況にもかかわらず、有利に停戦を締結させた。機を見るに敏な繊細さと国際情勢を分析する能力を持ち得た上での長の豪胆さだった。

目前に迫った沖縄決戦に参謀本部参謀次長の後宮淳《うしろくじゅん》は、陸軍で知らぬ者がない暴れん坊を参謀長に据える積極果敢な人事を断行した。

対する八原は長が陽なら陰、長が豪なら柔と対照的だった。

鳥取県出身の八原は典型的な貧乏自作農の育ちで、米子中学校（現米子東高校）、陸軍士官学校卒業。陸軍大学校には最年少で入学し、五番で卒業、恩賜の軍刀を拝領した秀才である。

米国留学も経験して、米国陸軍の研究を行っており、陸軍内の知米派の一人で、陸大の兵学教官も務めた。唯一の趣味が和歌で、「朴念仁《ぼくねんじん》」とあだ名される地味な男であった。

上：第三十二軍高級参謀・八原博通大佐。下：第三十二軍参謀長・長勇少将

経歴から見ても、長が最前線の将軍なら、八原は学究肌の兵学者、作戦思想でも、勇猛果敢を信条

とする長と、慎重で合理的な八原とどこまでも水と油だ。
それでも、参謀本部は猪突猛進で暴走する懸念もある長の補佐役として、付和雷同《ふわらいどう》型《がた》では手綱を取ることができないと考えた。そこで丁々発止《ちょうちょうはっし》やり合って最善の結果が出せる理論派であり合理的な八原に白羽の矢が立ったのだった。

◇牛島と長は指揮官と参謀の理想像

帝国陸軍が編纂した書には、前線の指揮官向けの「統帥参考」「作戦要務令」と、高級参謀向け「統帥綱領」の三書があった。司令官以上に戦略や指揮の要諦《ようてい》を説いた「統帥綱領」は一部の高級将校だけが読めるいわば軍事機密のバイブルであった。

統帥の中心たり、原動力たるものは、実に将帥にして、古来、軍の勝敗はその軍隊よりも、むしろ将帥に負う所大なり。戦勝は、将帥が勝利を信ずるに始まり、敗戦は将帥が戦敗を自認するによりて生ず。故に戦いに最後の判決を与うるものは実に将帥に在り。

将帥は事務の圏外に立ち、超然として常に大勢の推移を達観し、心を策案ならびに大局の指導に専らにして、適時適切なる決心をなさざるべからず。これがため将帥には責任を恐れざる勇気と、幕僚を信任する度胸とを必要とす。幕僚とくに参謀長を信頼せず、しかもこれを更迭する英断なき将帥は失敗す。

将帥は部下の努力を有意義に運用し、徒労に帰せしめざる責任を有す。部隊がそこに位置するだけで、何もしなくても全体に貢献していることがある。部隊を右往左往させることは、必ずしも指揮官の迷いによるものではない。これらによる部下の不信不満を起こさせないためには、全般の状況と指揮官の意図を明示することが大切である。

危急存亡の秋《とき》に際会するや、部下は仰いで、その将帥に注目す。

「軍の中心」の将帥は「超然として大勢の推移を達観」し、「責任を恐れざる勇気と幕僚を信任する度胸」があり、「全般の状況と指揮官の意図を明示」する姿勢を、危機になればなるほど部下は見ている。

この「統帥綱領」に描かれている将帥はまさに第三十二軍司令官、牛島満中将の立ち姿ではないだろうか。陸軍が理想とする将帥は鹿児島の加治屋町が生んだ西郷隆盛、大山巌に通じる薩摩の「うどさあ」だった。

陸軍の教官は日露戦争の奉天大会戦でも「児玉さあ、今日もどこかで大砲《おおづつ》の音が聞こゆでごわんな」と、満州軍総司令官の大山巌は総参謀長の児玉源太郎にそう言い、作戦用兵のすべてを児玉に任せきり、悠然と大勢を眺めていたという大山と有能な児玉の組み合わせを例に挙げ、指揮官と参謀の理想像と説明していた。

大山と児玉の組み合わせが理想である陸軍上層部が、決戦の沖縄に、牛島と長のコンビで臨んだことは必然だった。しかし、その結果、沖縄県民に悲劇がもたらされるのも必然だったのだろうか。

◇根本的戦略を欠いた大本営

マリアナ諸島を失った日本軍は十月、戦局を打開するため、フィリピンのレイテ島でマッカーサー率いる米軍との決戦に挑み、激戦を展開していた。沖縄にまで、米軍の進撃する轟音が聞こえてきそうである。

第三十二軍は牛島を筆頭に必勝の信念で米軍を返り討ちにする準備をしていた。

第三十二軍には八月から次々と増強され、第九師団（金沢）、第二十四師団（満州・

哈爾浜《はるびん》）、第六十二師団（華北《かほく》）、独立混成第四十四旅団（熊本）と強力な軍砲兵集団を主軸にし、海軍部隊も約八千名が集結した。この中には七十五ミリ以上大砲計四百門以上を運用できる第五砲兵司令部も到着する。米軍上陸直後、集中砲撃とともに、三個師団が突撃し、米軍を撃滅する決戦防御態勢を構築していた。

一方、台湾の第十方面軍は九月末、来台した大本営陸軍部第一部長の真田穣一郎《さなだじょういちろう》少将に対し、「沖縄で陣地構築中の第六十二師団を台湾に配備したらどうか」と打診する。本営では逼迫するレイテ戦線にフィリピンのルソン島や台湾から兵力を投入し、その穴埋めとして満州などから補充する策を考えていた。十月二十三日、台湾からフィリピン戦線に第六十八旅団が投入された。

第三十二軍より一兵団を抽出し、台湾方面に転用する案に関し協議したく台北に参集せられたし

牛島に同行し第二十四師団の演習を視察中だった八原の下に十一月四日、フィリピンに出張中の大本営陸軍部第二作戦課長の服部卓四郎大佐から電報があった。台湾の穴埋めに決戦場となるはずの沖縄から将兵を引っこ抜くという考えられない提案であ

る。同日夕刻に八原は台北到着、思い詰めた顔で会議に臨み、「軍司令官の意見書」を読み上げた。

一、沖縄本島及び宮古島を共に確実に保持せんとする方針ならば軍より一兵団を抽出するは不可なり。

二、軍より一兵団を台湾方面に転用更に他の一兵団を充当するを可とする案ならば後者を台湾方面に充当するを可とすべし必ず。

三、軍より若《も》し一兵団を抽出するとすれば宮古島若《も》しくは沖縄本島の何れかを放棄するを要す。

四、大局上より観察し比島《ひとう》方面の戦況楽観を許さずとすれば将来に於《お》ける南西諸島の価値に鑑み第三十二軍の主力を真に重要と判断される方面に転用するを可とすべし。

一師団が引き抜かれれば、沖縄防衛は不可能であり、それほどの決戦場であれば三十二軍全軍がレイテ島に出撃をすると主張する大本営に真っ向から反論した極めて過激な意見書だった。

出発前、長から「軍司令官の決意はこの意見書で十分である。余分なことは話すな」と念を押されていた八原はそれだけ言うとおし黙った。会議は重苦しい雰囲気に終始、結論が出ないまま散会となった。

それでも十一月十日、大本営は台湾の第十師団（姫路）をフィリピン戦線に投入することを通告、沖縄の第九師団の台湾転用が決定的になったが、決然たる牛島の頑強な姿勢に大本営も「どの師団を転出するか選定を委す」と電報指示する。

結局、精強をもって知られた第九師団は十二月中旬から台湾に輸送された。大本営はどこで米軍を食い止めるかという根本的戦略もなく、その都度を決戦場とし、玉砕を度重ねるその場しのぎの作戦変更だった。

決戦間近で、三分の一もの兵力削減は築城や訓練の成果が上がり、「米軍に一泡吹かせてやる」と意気込んでいた第三十二軍の士気を落とし、同師団の守備地域だった島尻地区の住民を不安に陥れた。

新たな兵力の補充も期待できず、八原はやむを得ず「持久作戦」に変更し、新作戦を立案した。

一、一部の兵力で伊江島を保持する。

二、主力は沖縄本島南部、島尻地区を確保し、この主陣地において米軍の上陸を防ぐ。

三、北方の主陣地においては持久戦を策す。

四、米軍が北、中飛行場方面に上陸する場合、主力をもって同方面に出撃する。

八原の新作戦では嘉手納《かでな》飛行場を放棄し、全兵力を中部以南に集中させ、できる限り戦闘を長引かせるように、豊富な洞窟を利用した陣地の構築、資材の蓄積、防御作戦の構築など緊急な対策を急いだ。

◇軍と県民の結束を強めた牛島の慈愛

軍司令部は首里市の沖縄師範学校男子部に置かれ、近くの住民が慰めにと置いて行ったメジロが三羽、籠の中で鳴き、将兵にかわいがられていた。米軍上陸間際、牛島は「壕の中ではかわいそう」と言って、空に放す。

ある日、司令部近くの売店で上等兵が奉公袋から小銭を数え、買い物をしていた。そこに巡視の牛島が通りがかり、慌てて敬礼をする上等兵に「君の郷里はどこか。妻子は元気にしているか。老人は達者にしているか。食糧は足りているか」など矢継ぎ早に質問する。どうにか答えた上等兵は牛島が立ち去った後、後ろ姿を見つめ、涙が止めどもなく流れた。

軍司令部の通信兵として上等兵が勤務しており、牛島に経歴などを尋ねられ、「結婚したばかりで応召し、もうすぐ子供が生まれます」と答えた。すると、牛島は名古屋の自宅の住所を聞き、後日、夫人宛に上等兵の近況を記し、「生まれてくる子供をしっかり育ててください。ご主人の母上を労《ねぎら》ってあげてください。日本は大変なときですけれど、ご主人の留守をしっかり守ってくださ い」という親愛溢れる手紙を送った。

「天の岩戸戦闘司令所」の標札が掲げられた首里軍司令部の洞窟

南の島とはいえ、朝晩は冷え込む。司令部でも火鉢を使っていたが、うっかりして、牛島が小火鉢をひっくり返した。参謀部当番の女学生、嘉納ヤスがあわてて片付けようとすると、「いいから、いいから、誰にも言ってはいけないよ」と笑い、自分で掃除をしてしまった。「きょうは御礼に私が歌を歌ってあげよう」と「カチューシャの唄」を歌い始めた。「僕が子供のころはこれしか流行歌がなかったのだよ」。我が娘を見るように優しく笑った。

那覇県立第一高女で行われた作戦会議の場では、列席の各師団長らに会釈した後、「私事に関することで甚《はなは》だ恐縮ですが、不肖《ふしょう》牛島が陸士の校長であった時代、生徒であった方はちょっと立っていただきたい」と言うと、数人の将校が起立する。牛島は一人ひとりの目を見つめ、ハンカチで目頭を押さえる。

「陸士の校長時代、御国のために一死を顧みずして、国難に殉じてもらいたいと、衷心よりお願いをしてきましたが、その時の諸君が図らずも今日、私のところに来ていただいて、ともども国家存亡の時に立ち上がることができ、こんなに嬉しいことはありません。どうかよろしくお願いします」

思いを同じくした列席の全員が声もなく、涙をこらえることができなかった。

上下問わない牛島の慈愛に満ちた逸話の一つひとつが第三十二軍、沖縄県民にも浸透し、結束を強めていった。

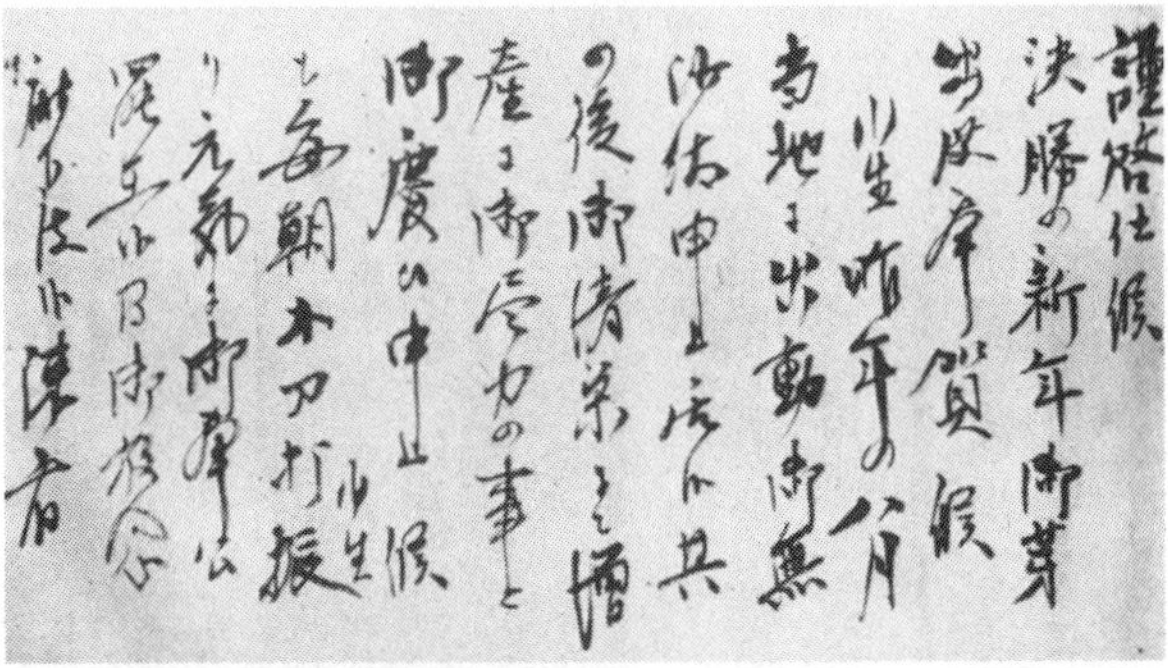

「決勝の新年」で始まる決戦の地、沖縄から出した昭和二十年の年賀書簡

昭和二十年二月十五日、全軍に「戦闘指針」を通達し、一兵にいたるまで徹底させ、米軍を迎え撃つ態勢に万全を期した。

第一号　撃敵合言葉（標語）

一機一艦船　一艇一船　一人十殺一戦車

第二号　上陸前の砲爆撃にしては我戦力の温存に徹すべし、之が為

一、築城の掩護力を重視すると共に分散、遮蔽、偽装、欺騙《ぎへん》の価値を認識すべし

二、陣地への配兵を適切ならしむべし

第三号　上陸し来る敵に対しては絶対威力圏内に於て之を捕捉し一挙殲滅を計るべし、之が為、

一、射撃開始の過早を警《いまし》め敵上陸軍の第一波は自由に上陸せしめよ

沖縄首里軍司令部で穏やかな表情を浮かべる牛島満

二、火器の絶対威力圏は其の最大射程の十分の一以下なりと心得うべし

三、捕捉の要は不動如山（うごかざることやまのごとく）敵を誘うて我の腹中に致すに在り

第四号　敵戦車の突進容易なる地形特に遺路の 阻止施設を準備すべし、之が為

一、海岸地帯の平素不要の道路は破壊すべし

二、平素使用する道路は地雷其の他の障害資材を準備し急速に阻止し得る如く計画準備すべし

第五号　軍は如何なる事態に於ても断じて「恐慌」（パニック）を生ぜしめざるを絶対の信条とすべし

一、「パニック」は各級指揮官揮権の承行厳粛ならざるにより生ず熾烈なる砲

爆撃下指揮官自ら必勝の信念と堅確不動の意志を以て毅然として戦闘を指揮すべし

二、「パニック」は不意の衝撃により狼狽より生じ易し諸隊は真に形而上下に亘り「待つあるを恃む」の状態に在るを緊要とす

三、精神訓練を重視するの要あり

県民を不安にさせないように必勝を期し、泰然自若《たいぜんじじゃく》としている牛島の態度を見ながら、八原は全員が玉砕する日を思い浮かべるようになっていた。その頃、詠んだ歌がある。

今宵また　思いは千々に砕くるも
遠きわだつみ　越ゆすべもなし

◈将来を担う老幼婦女子を島内疎開

「民間人の全員の疎開」が牛島の希望だったが、米潜水艦が横行する危険な航路を輸送船団が行き来するのも限りがあり、県外疎開も八万人が限界だった。

第三十二軍は主戦場となる中南部から北部へ十万人を疎開させようと、県と協議する。県は北部の各村に収容割り当てを行い、避難小屋を作り、疎開を促進するが、国民の間に広く普及していた「鬼畜米英」という言葉にある米軍への恐怖から、軍の近くの方が安心するという思いと生まれ育った土地への愛着を切り離せない住民が多かった。

遅々と進まない島内疎開を懸念した八原は「老人と子供を最優先に疎開させ、戦闘開始直前に元気な者を疎開させる」という案を持ち、軍司令官室を訪れた。

「サイパンでは在留日本人が玉砕精神に従って、軍とともに悲惨な最期を遂げました。しかし、沖縄においては、非戦闘員に同じ運命をたどらせるべきではないと思います。米軍は文明国の軍隊であります。その人道精神に反して、我が非戦闘員を故なく殺傷したり、虐待するようなことはよもやないものと信じます。もし島民を主戦場となるべき南部地域にとどめておけば、砲煙弾雨《ほうえんだんう》の中を彷徨《ほうこう》し、彼我の銃砲火によって想像を絶する惨状を呈することは目に見えています。また軍の作戦を著しく拘制《こうせい》するものと思います。どうかそこのところをご賢察いただいてご決裁をお願いします」

八原が話し終わると、牛島は大きく肯き、いいだろうと即答する。

「ここでの戦いは日本最後のものではないと思う。今不幸にして、非戦闘員である県民を、いったん敵手にまかすようなことがあっても、本土決戦に勝てば、彼らは日本将来のための担い手になる。文明国の戦いでは、住民は非戦闘員として、道義的に取り扱われるのが国際通念である。米軍もまた文明国の軍隊である。まさか一般民に対し、手荒い行動にでることはあるまい。我々は老幼婦女子を戦火に巻き込んではいけないからね」

八原の案は承諾され、第三十二軍と県は協議の上、島内疎開の要項が決まった。六十歳以上の高齢者と国民学校以下の児童を三月下旬までに疎開させ、軍は北に行く空いた車や船で疎開を援助する。その他の非戦闘員は、戦闘開始必至と判断する時機に軍の指示により一挙に北部へ移すことになった。

しかし、予測よりも米軍の進攻が早く、三月中旬までに当初見込みの三分の一の約三万人が島内疎開したに過ぎなかった。

本土との輸送ルートが寸断された上、本土でも戦局の悪化から食糧事情が悪くなり、沖縄への補給も困難になっていた。急激に食糧が不足し始めた沖縄では疎開した住民の食糧対策も十分ではなく、受け入れ側の北部では、自宅の一部を疎開住民に与える一般家庭も多かった。

さらに、第九師団が引き抜かれた後の補充も絶望的で、頑健な住民も兵力に加えざるを得なかった。

四十五歳までの成年男子二万五千名を「防衛隊」として召集した。十七歳以下の男子を「義勇隊」、中等学校男女生徒を「学徒隊」、女子青年団を「救護班」に編成した。

県民の召集が行われた結果、第三十二軍は約十万名の大兵力となった。だが、実際の訓練、教育を受けた将兵は陸海五万名で、その他は施設大隊などの後方部隊二万名、防衛召集を受けた県民三万名だった。

現存する兵力で、牛島率いる第三十二軍は軍民一体となり、米軍を迎え撃つ態勢を固めなければならなかった。

◇「持久戦」の陸軍と「最終決戦」の海軍

陸軍首脳部は沖縄決戦を最終決戦とは捉えておらず、上陸した米軍をでき得る限り、釘付けにし、戦闘を長引かせ、大きな損害を与える持久戦に持ち込み、本土決戦までの時間を稼ぐつもりであった。

これまでの敗戦は輸送を海軍などの艦船に頼った離島での敗戦であり、本土決戦となれば、米軍にひけを取ることはないという思いもあった。

一方、海軍首脳部は違った。

海軍に残された艦船は戦艦「大和」や巡洋艦、駆逐艦などわずかでしかなく、最早、海軍の体を成していない有様だった。さらに沖縄が攻略された場合、米軍の空爆が激しさを増すのは当然、予測できる。

海軍にとり、本土決戦はおよそ考えることはできず、沖縄は帝国海軍の最後の戦場であった。

陸軍の「持久戦」と海軍の「最終決戦」という陸海軍の沖縄作戦に対する作戦思想の相違は平行線のまま変わることがなく、沖縄戦終結を迎えることになる。

《帝国陸軍》

第三十二軍　軍司令官　牛島満中将
　　　　　参謀長　長勇中将
　　　　　高級参謀　八原博通大佐
第二十四師団　師団長　雨宮巽中将
　　　　　参謀長　木谷美雄中佐
第六十二師団　師団長　藤岡武雄中将
　　　　　参謀長　上野貞臣大佐

歩兵第六十三旅団　旅団長　中島徳太郎少将
歩兵第六十四旅団　旅団長　有川主一少将
独立混成第四十四旅団　旅団長　鈴木繁二少将
第五砲兵司令部　司令官　和田孝助中将
第十一船舶団
第二十八師団　師団長　納見敏郎中将
　参謀長　一瀬壽大佐
独立混成第五十九旅団　旅団長　多賀哲四郎少将
独立混成第六十旅団　旅団長　安藤忠一郎少将
独立混成第四十五旅団　旅団長　宮嵜武之少将
独立混成第六十四旅団　旅団長　高田利貞少将
《帝国海軍》
沖縄方面根拠地隊　司令官　大田實少将
南西諸島航空隊　川村匡中佐
第九五一航空隊沖縄派遣隊　高鷲忠雄少佐

第八章　死闘

◈米軍襲来「本島上陸間違いなし」

昭和二十（一九四五）年三月二十三日払暁《ふつぎょう》、敵機が雲霞《うんか》のごとく空一面を埋め尽くす。百雷《ひゃくらい》が落ちたような爆発音が炸裂、一面に猛煙《もうえん》が立ちこめる。小禄《おろく》飛行場の高射砲が一斉に砲口を開く。将兵も県民も近場の洞窟で身を潜めるが、爆弾の破裂音は一向に止む気配もない。牛島も時折、洞窟から出て、様子を観察する。「司令官、危険です」と従兵が慌てて駆け寄る。

この日だけで、沖縄本島は三百五十五機、先島《さきしま》方面は四十六機の攻撃を受けた。だが、アリューシャン列島のアッツ島や太平洋の島々で、上陸後、日本軍の命知らずの反撃に大きな損害を出している米軍が、空爆と艦砲射撃で飛行場や航空機、沿岸の陣地、弾薬、武器、燃料、食糧を破壊し尽くした上で上陸するのは予想された事態であり、逆に被害が少なく、天然の洞窟を構築した陣地や防空壕が凄まじい空爆にも耐えられることを証明し、安堵感を与える。

午前十時三十分、索敵《さくてき》機が本島南九十キロに米機動部隊を発見、夕刻には本島東百キロに大艦艇群を発見する。米軍の上陸は数日内と予測できた。

翌日も六百機の敵機が襲来、艦砲射撃も七百発に及び、那覇の市街地は一面、がれ

米軍の襲撃により廃墟と化した那覇市内

き場と化し壊滅状態となる。首里の丘の上から艦砲射撃を観察した牛島は「本島上陸間違いなし」と判断した。

この日、首里城下に構築した全長一キロ、深さ十メートルの壕に司令部を移し、入り口には長自ら筆をとった墨痕淋漓《ぼっこんりんり》たる表札「天の岩戸戦闘司令部」が掲げられる。牛島は平常と変わらず、二畳ほどの薄暗い司令官室で書物に目を通していた。

決戦間際で昂揚した長はますます意気軒昂《けんこう》に詩吟や和歌を即吟、持久作戦を堅持している八原に「『戦略持久』という額を置いた方がいいですよ」と冗談めかして皮肉る。それでも、上官に対し、率直に意見具申し、部下には縮み上がるほどの怒鳴り声を上げる。それでも、上司の前で決して部下を貶《おとし》めず、一本筋が通っている長は軍内部に限らず民間からも人気が高かった。何事も大袈裟な長とはどうにも馬が合わない八原も内心、己にないカラッとした豪毅な性分が羨ましく、好ましくもあった。

◇長男に宛てた最後の手紙

第三十二軍は二十六日、「司令官状況判断」の電報を関係方面に発する。

敵ハ二十三日以来空海ヨリ沖縄本島特ニ南部地区ヲ攻撃中ニテ敵輸送船団目下判明シアル敵艦艇状況竝《ならび》ニ其ノ艦砲射撃、海象《かいしょう》等ノ関係ヨリ判断シ明二十七日以降主力ヲ以テ西岸、北、中飛行場正面及小禄、糸満《いとまん》正面状況ニ依リ南海岸湊川正面ニ上陸ヲ企図スルモノノ如シ

「明朝、内地への連絡機が出発する。最後と思われるから、故国に送る書信のある者

は今夜中に提出せよ」

三月三十一日、司令部連絡があり、八原も鳥取に残した家族に最後の手紙を書いた。

目前に迫った戦闘では父の沖縄軍は必ず敗れる。われわれがここで敗れることは、ただちに日本の滅亡を意味する。敗戦後の日本は何びとも想像することの出来ぬ世の中に一変するであろう。

お母さんやお前たち兄弟姉妹の将来には、いばらの道が待っている。いかなる世の中、いかなる境遇になっても、ますます勇気をふるい起こし、鉄の様な意志と不退転の努力をもってすれば、必ずこれを乗り切ることができる。

断じて境遇に負けるな。この精神こそ父が一生の間、堅持してきた信条である。しかしなかなかそうはいかない。お前は長男として行く行くは弟たちと力を合わせ、母や姉妹を擁護し、一家を幸福に導くよう突進せよ。

自らを信じ、悲境に立てば立つほど、ますます前途に光明を求め、不撓《ふとう》の精神に徹せよ。

現在の日本の運命に殉ずるのは父だけで沢山だ。お前たちは全く異なった日本に生きるべき人間である。幼年学校には入るな。父の母校、米子中学で落ち着い

昭和 16 年以降の日本軍勢力図

ソビエト連邦
モンゴル
満州国
中華民国
日本
太平洋
アッツ島
沖縄
(昭和 20.3〜6)
硫黄島
(昭和 20.2〜3)
サイパン島
(昭和 19.6〜7)
ミッドウェー海戦
(昭和 17.6)
ハワイ海戦
(昭和 16.12)
香港
フィリピン
グアム島
マレー沖海戦
(昭和 16.12)
レイテ沖海戦
(昭和 19.10)
タラワ島
マキン島
コタバル
ボルネオ
ラバウル
ソロモン海戦
オランダ領インド
ガダルカナル島
(昭和 17.8〜昭和 18.2)
珊瑚海海戦
(昭和 17.5)
オーストラリア
1943 年 1 月
日本軍の最大進出線
1943 年 9 月の絶対国防圏
日本の領土
連合軍侵攻経路
主要海戦
0　1000km

て勉強せよ。

米子中学校を受験した長男の和彦に宛てた遺言である。軍の検閲を考慮し、「沖縄軍は必ず敗れる」の部分を「もし万一われわれが敗れたら」に書き直した。

◆米軍による空前の沖縄上陸作戦

四月一日四時二十六分、海軍通信司令が電報を発する。

沖縄方面策動部隊内通信ニ於イテ今朝〇三四七ヨリ戦術呼出符号ヲ使用シ始メタリ硫黄島上陸直前ニ酷似シアリテ今朝本格的ニ上陸ヲ決行スル算極メテ大ナリ

米第五一機動部隊司令官のターナー海軍中将は四時六分、「上陸開始」の信号を発した。夜が明ける二十分前の五時三十分。戦艦十隻、巡洋艦九隻、駆逐艦二十三隻、百七十七隻の砲艦の砲口が一斉に開いた。撃ち込まれた砲弾は十二センチ砲以上五万四千八百二十五発、ロケット弾三万三千発、迫撃砲弾二万二千五百発。上陸前の掩護《えんご》射撃としては空前の艦砲射撃で、後に「鉄の暴風」と呼ばれた。

米軍沖縄上陸作戦始まる

午前八時、ＬＳＴ型船舶、ＬＳＭ型船舶の開いた大きな口から上陸部隊と水陸用戦車、トラックを積んだ上陸用舟艇の第一波が海岸を目指して進む。その後には第二波、第三波も続く。第一波が渡具知海岸に上陸したのが八時三十分。一分前までの地形が変わるほどの激烈たる掩護射撃が止み、覆っていた砲煙が消え、南国の光景が広がった。

後続部隊も上陸予定地域に続々と到着、一時間以内に一万六千の米軍将兵が上陸し、十六時までに五万人が上陸を果たし、橋頭堡《きょうとうほ》を確保する。米軍の輸送

米第十軍司令官
サイモン・B・バックナー中将

補給システムは完璧に機能し、米国の威信を賭けた史上最大の「アイスバーグ作戦」が始まった。

「壮大にして整然たる隊形、スピードと重量感溢れた決然たる突進ぶりは真に堂々、恰《あたか》も大海《だいかい》嘯《しょう》の押し寄せたるが如き光景」

首里の丘からこの光景を観察した八原は途方もない米軍の兵力を目の当たりにし、圧倒された。

五十四万八千の将兵と一千五百の艦船から成る空前の上陸作戦をニューヨーク・タイムズ同行記者も報じる。

血で血を洗う硫黄島の戦闘とは対照的に、海岸には敵味方の死体が重なり合っているいつもの上陸風景などなく、ただ珊瑚の白砂があるだけだった。海兵隊員も当惑した表情を見せ、「一体どうなっているんだ」と叫んだ。日本軍がなぜ、いとも簡単に海岸を明け渡したのか、その理由はまだ確かではない。

米軍は日本軍兵力を五万五千から六万五千名、大口径砲百九十六門と推定し、「短期決戦」を行い、一カ月前後で沖縄全島を占領するつもりだった。

沖縄作戦派遣隊司令官（第十軍）のサイモン・B・バックナー陸軍中将の口癖は「戦争を早めに終える方法はただ一つ、もっとジャップを殺れ、もっと早く殺《や》れ」であった。

《米軍沖縄作戦派遣隊の構成》

第十軍司令官　S・B・バックナー陸軍中将
沖縄島司令部（陸軍守備隊）F・G・ウオーレジ陸軍少将
第二十四軍団（南部上陸部隊）J・R・ホッジ陸軍少将
琉球戦術航空軍　E・P・ムルケイ海兵少将
第三海兵軍団（北部上陸部隊）R・S・ゲイガー海兵少将
琉球海軍部隊　C・H・コブ海軍少将

第七師団　A・V・アーノルド陸軍少将
第九十六師団　J・C・ブランドレー陸軍少将
第一海兵師団　P・A・デルベヴェール海兵少将
第六海兵師団　L・C・セパード海兵少将
第二海兵師団（陽動上陸隊）T・A・ワットソン海兵少将
第二十七師団（乗船待機隊）G・W・グリーナー陸軍少将
第七十七師団（西方諸島上陸隊）A・D・ブルース陸軍少将

◇戦略持久か、積極攻勢か

上陸初日に北、中飛行場も確保した米軍は日本軍のあまりの無抵抗さに「エープリルフールか」「どこかに罠があるのではないか」と疑心暗鬼になり、捕虜となった住民に対して徹底的に尋問を行うが、日本軍の配備や目的は杳《よう》として知れなかった。

第九師団抽出以降、北、中飛行場ともに防衛を断念していた第三十二軍は同日、米軍が両飛行場を使用できない二、三日の間、航空作戦実施を関係各方面に要請した。

沈黙を保ったままの第三十二軍であったが、特設第一連隊と独立歩兵第十二大隊の賀谷支隊だけは米軍と交戦、現地召集兵が多く、砲兵も持たない特設第一連隊は読谷《よみたん》山《ざん》地区で壊滅した。

賀谷支隊の任務は米軍の前進を遅らせ、主陣地に引き込むことだった。戦闘経験豊富で精強をもって鳴る賀谷支隊は米軍に手痛い損害を与え、後退しながら主陣地まで敵を誘導させることに成功する。

その戦闘の際でも、歩兵第二旅団から支隊掩護の射撃開始を要請されるが、牛島は陣地の暴露を恐れ、許可しなかった。

八原が練り上げた「戦略持久」を徹底的に遂行する。

しかし、上陸初日に二つの飛行場まで敵に奪われた消極的作戦は軍中央部には「自己生存主義」と映り、非難される。

二日の上奏の際、天皇から「沖縄の敵軍上陸に対し、防備の方法はないのか。敵の上陸を許したのは敵の輸送船団を沈め得ないからであるのか」と御下問されると、天皇の危惧に軍上層部は敏感に反応する。大本営陸軍部は三日、「敵の出血強要、飛行場地域の再確保」を要望する電報を起案するが、第一部長の宮崎周一中将が「はなはだ干渉に過ぎる」として発信されなかった。

三日、米第十軍司令官のバックナーは第二十七師団に対し、沖縄本島の東の島々を占領し、本島に上陸、第二十四軍を掩護せよとの命令を発する。牛島は軍砲兵隊に対する射撃命令はまだ出さない。

陣地に潜行し待ち構える第三十二軍に届いたのは現地情勢を知らない各方面からの「積極攻勢」の要望だった。かねてから水際撃滅作戦を主張していた上級司令部の第十方面軍司令官、安藤利吉大将は参謀長電で「水際撃滅の好機に乗じて攻勢を採る」ことを要望する。

台湾の陸軍第八飛行師団（師団長 山本健児中将）も意見具申を打電《だでん》した。

此ノ機ヲ逸セス進ンテ積極的攻勢ヲ採ランカ陸海空戦力発揮ノ好機亦《また》生起継続シテ戦局ノ打開必スシモ不可能ニ非サルヘシ

◇部下の意見を重んじ攻勢決断

鹿屋の海軍第五航空艦隊司令部も三日、大本営海軍部と連合艦隊、第五航空艦隊などによる沖縄作戦の打ち合わせが行われ、

敵に奪われた北、中の飛行場の封鎖する手段を講じてもらいたい

沖縄への米軍上陸全般図

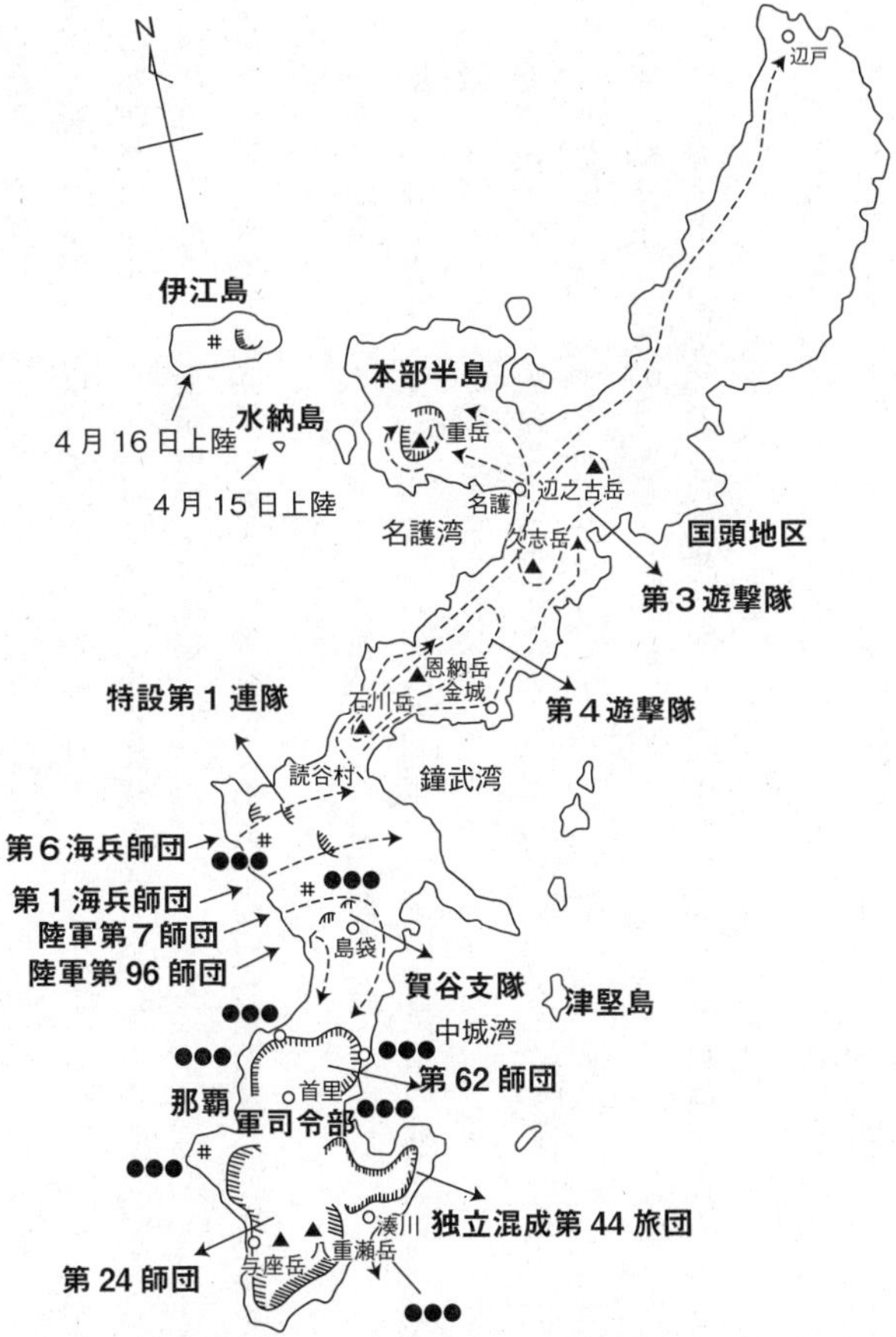

とする電報を発信した。

陸海軍上層部からの積極攻勢を求める圧力に三日夜、長は軍参謀を「天の岩戸軍司令部」の参謀長室に集め、今後の対応を協議する会議を開いた。牛島は臨席しなかったが、隣の部屋でもあり、会議の様子は把握していた。

勇猛果敢、積極攻勢が信条である長は作戦主任である八原の「戦略持久」に不満を持っていた。

そこへ上層部からの相次ぐ攻勢要請に意気込んで会議に臨んだ。

米軍の態勢が固まらないうちに、得意の夜間を利用して敵の砲爆撃の威力を封じ、白兵戦で敵を撃滅すべきであると提案する。

これまで軍民一体となり懸命に壕を掘ったのも持久戦に持ち込むためでもあり、長の提案は作戦を根本から覆すものであった。

すぐさま、航空主任参謀の神直道《じんなおみち》少佐が、

「軍の作戦指導は上級司令部の作戦構想に順応すべきで、兵力の多寡は論ずべきでない」

と攻勢案を支持する。

これに対し、八原は至極当然のように、理路整然と真っ向から反論する。

「攻勢成功の算は絶無であり、心血注いだ洞窟陣地を捨てて出撃するのは自殺行為。戦略持久を堅持し、北、中飛行場も長距離砲で制圧すれば一兵の損害もなく、長期にわたる制圧が可能である」

他の参謀からは何の意見も出なかったが、勢いがある「積極攻勢」に賛成多数で決定する。

この期に及んでの作戦変更に、八原は牛島に「全軍壊滅する」と攻勢反対の意見具申した。傍らで長が鬼の形相で八原を睨み付ける。

第五航空艦隊司令長官・宇垣纏中将

「軍の死活に関する重大関頭に当たり、高級参謀の痛心苦悩はよくわかる。しかし、この度の決心は天の意志、神の声と思って、その実行に万全を期していただきたい」

静かにそう諭した牛島は「攻勢に転ずる」と決め、関係各方面に協力を要請する電報を発信した。

現場の部下の意見を重んじる薩摩武士が牛島の信念であり、八原を除く参謀が積極攻勢を支持するならば、牛島の務めは己が責任を負うことだけだった。

攻勢決断の電報に際し、沖縄作戦を指揮する海軍第五艦隊司令官の宇垣纏《うがきまとめ》中将はこう記した。

第三十二軍に其の人ありと言わる彼《か》の参謀長も遂に我を折り、七日を期し北方に対し攻勢をとる事に決せり、而《しこう》して航空攻撃を同日に繰り下ぐる要望を出せるが、之も撤回せり。よくぞ翻意せる。

懸念された長と八原の関係がギスギスと音がし始めている。

第九章 特攻

◇あくまで沖縄を最終決戦場とする海軍

沖縄を占領された場合海軍は、本土と大陸や南方との航路が完全に遮断され、燃料が持たなくなり、動かない鉄のどんがらを抱えているに過ぎなくなる。沖縄戦で時間を稼ぎ、兵力を温存しつつ本土決戦の準備をする陸軍に対し、海軍はあくまで沖縄が最終決戦場であり、あらゆる兵力をつぎ込むつもりだった。

米軍に占領された北、中飛行場が機能するようになれば、沖縄周辺の米機動部隊は安全な海域まで後退し、航空攻撃は困難になると予測された。海軍は六日、第三、第五、第十航空艦隊を運用する第一機動基地航空部隊の航空機で沖縄周辺の米艦隊に対し、特攻攻撃を加える「菊水《きくすい》作戦」を発動する。菊水は天皇に忠義を尽くした楠木正成《くすのきまさしげ》の旗印だった。

可動兵力の大部分を挙げ昼夜に亘り敵攻略部隊に対し連続攻撃を加え其の攻略企図を破摧《はさい》すべし

同じ日、山口の徳山湾を戦艦「大和《やまと》」、軽巡洋艦「矢矧《やはぎ》」、駆逐艦八隻が沖縄に向けて出撃、海上特攻隊である。
九州の陸軍第六航空軍も連合艦隊の指揮下に入り、「航空総攻撃」と名付け、米上陸部隊輸送船団に向け出撃した。

◇帝国陸海軍史上最大の航空作戦カミカゼ

これよりも以前、米軍上陸前の三月二十六日夕刻、沖縄に残っていた陸海航空部隊十五機のうち無傷の七機が中飛行場を飛び立った。上陸されれば、北、中飛行場は占領されることが必至だ。特攻攻撃はこの機会しかなかった。目標は沖合四キロ付近海上に悠々と浮かぶ米艦船である。徹底的な艦砲射撃と空爆で友軍機は一機残らず、壊滅したと信じていた将兵は感激の面持ちで空を眺めた。

特攻攻撃の許可を求めた航空参謀、神の意見具申に心ならずも決裁した牛島も首里の丘で編隊を見送る。友軍機は首里上空で大きく旋回し、上下に翼を振った。後に残される将兵への訣別と激励である。牛島は両手を高く上げて、別れのあいさつに応え、手を前に組み合掌黙禱《もくとう》をした。

敵艦隊に近づくと照明弾が上がり、煙幕のような対空射撃が始まる。一番機が火焔《かえん》

米艦船を目指し、飛び立つ特攻機とそれを見送る将兵

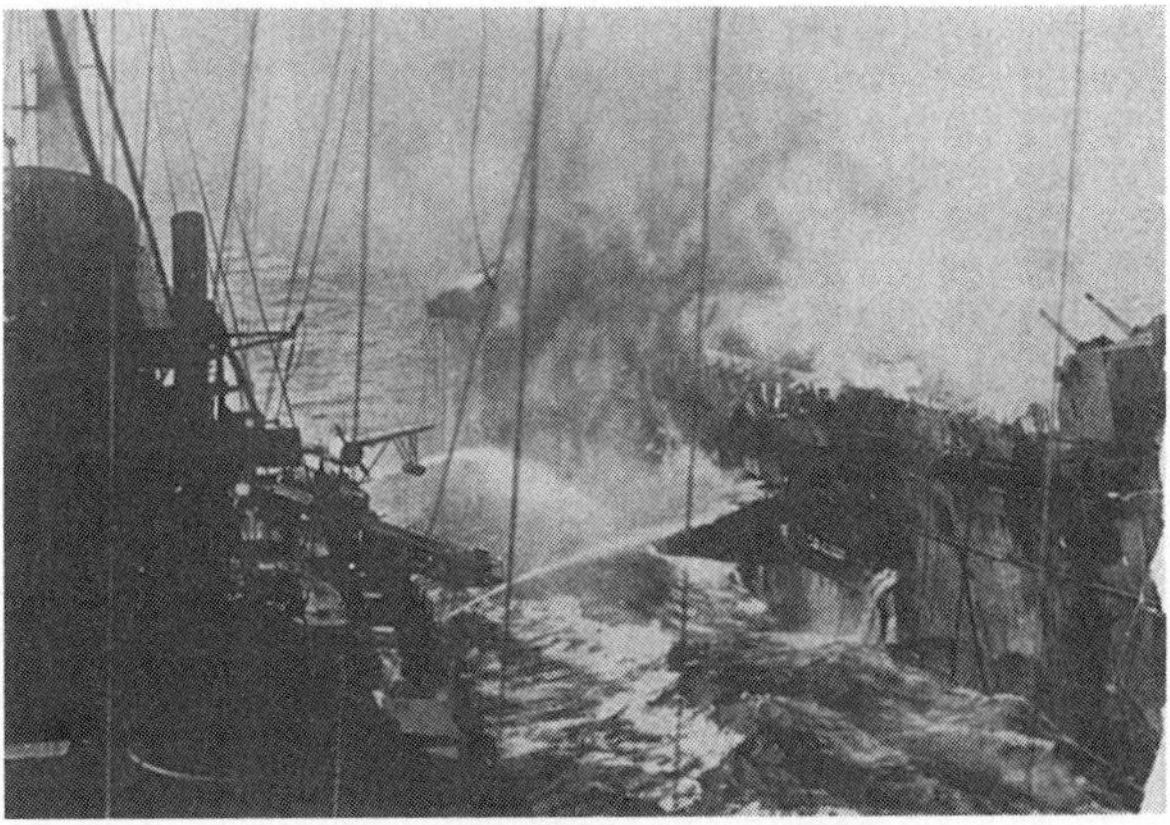

航空総攻撃で爆煙を上げる米艦船

となり、敵艦目がけ急降下、ドーンと水柱が上がる。二番機も続く。

双眼鏡を手にした神が「一機命中」と叫ぶ。三番機、四番機と次々と牛島の視界から姿を消す。

夕闇染まる空に映し出される火焔と、遠くでこだまする爆発音。一つひとつの若い命が消えたとは思えない鮮麗な情景に将兵誰もが言葉を失い、押し黙ったまま壕に戻っていく。

後には静寂だけが残された。

海軍は六日、米機動部隊に対し、九十六機、輸送船団に対し百七十九機を出撃させる。陸軍も九州から五十四機を出撃、台湾方面より二十八機を出撃させた。

第三十二軍からの報告ではこの日の攻撃で、沈没は戦艦二、輸送艦五など十五隻、撃破は戦艦一、駆逐艦一など十九隻となっている。

最終決戦と臨む海軍と本土決戦までの持久戦である陸軍の思惑は違うが、帝国陸海軍史上最大の航空作戦であり、未曾有《みぞう》の特攻作戦でもあった。

菊水作戦は沖縄戦終結直前の六月二十二日まで継続、その後も終戦まで断続的に特攻作戦は続けられた。

沖縄周辺では海軍九百四十機、陸軍八百八十七機が特攻、海軍二千四十五名、陸軍一千二十二名が戦死した。

百三十三機が米艦艇に命中、三十六隻を撃沈、菊水作戦による米英軍の戦死者四千九百七名に上る甚大な損害を与えた。

米海軍レイモンド・スプルーアンス大将は坐乗《ざじょう》していた旗艦「インディアナポリス」と「ニューメキシコ」で、特攻機の攻撃を受け、二度も命中。二度目は五十四名が戦死、百九十九名が負傷する損害を受けた。

「特攻機は非常に効果的な武器で、我々としては、これを決して軽視することなどできない。私はこの作戦区域内にいたことのない者には、それが艦隊に対してどの様な力を持っているか、理解することはできないと信じる」

高射砲弾による硝煙の帷幕《いばく》を突き抜け、艦船に激突するカミカゼの恐怖を語った。

◆一億総特攻の先駆け

大和出撃当日、連合艦隊司令長官の豊田《とよだ》副武《そえむ》大将は訓示を行った。

帝国海軍部隊は陸軍と協力空海陸の全力を挙げて沖縄島周辺の敵艦隊に対する総攻撃を決行せんとす。皇国の興廃は正に此の一挙に在り。茲《ここ》に殊に海上特攻隊を編成壮烈無比の突入作戦を命じたるは帝国海軍力を此の一戦に結集し光輝ある帝国海軍海上部隊の伝統を発揚すると共に此の光栄を後昆《こうこん》に伝えんとするに外《ほか》ならず。各隊は其の特攻隊たると否とを問はず愈々《いよいよ》殊死奮戦敵艦隊を随所に殲滅《せんめつ》し以て皇国無窮の礎を確立すべし

六日十五時二十分、徳山錨地を出撃した第一遊撃部隊（指揮官、第二艦隊司令長官・伊藤整一中将）の海上特攻隊十隻は豊後水道に向かう。

旗艦「大和」、軽巡洋艦「矢矧」、駆逐艦「冬月《ふゆづき》」「涼月《すずつき》」「磯風《いそかぜ》」「濱風《はまかぜ》」「雪風《ゆきかぜ》」「朝霜《あさしも》」「霞《かすみ》」「初霜《はつしも》」で編成されている。

出撃に先立つ三月十七日、広島湾の柱島《はしらじま》泊地に敵機七十機が来襲、「大和」に攻撃を集中させたが、損害は軽微だった。

しかし、直後の研究会で、航空機からの攻撃に対し、「大和」の対空砲火では大きな戦果は難しく、防空駆逐艦以外は期待できないことが判明し、さらなる猛訓練が必要との認識で一致するも、燃料不足で訓練もままならなかった。それでも沖縄を目指した。

第二艦隊司令長官・伊藤整一中将

沖縄作戦を最終決戦と考えていた連合艦隊では健在だった大和の有効利用に頭を悩ました末、高速運航での往復燃料にも乏しく、片道燃料だけで沖縄上陸地点に突入する海上特攻作戦しかないと結論に達する。沖縄の浜辺に座礁した上で、巨大な砲台として第三十二軍の戦闘を支援し、乗員は陸戦隊として戦闘配置につける構想だった。

成功率五〇パーセントはないだろう、五分五分の勝負は難しい、成功の算絶無《ぜつむ》だとは勿論考えないが、うまくいったら奇蹟だ、という位に判断したけれども、急迫した当時の戦局において、まだ働けるものを使わずに残しておき、現地における将兵を見殺しにするということはどうしても忍び得ない。

豊田はこう述懐《じゅっかい》している。海軍上層部周辺では「特攻で死闘を続けてきたが、まだ水上部隊が生き残っているではないか。皇国存亡のこの際、これを使わぬ法があるか」という声が高まり、連合艦隊参謀長の草鹿龍之介中将も「いずれ最後は覚悟しても悔いなき死所を得させ、少しでも意義あるところにと思って熟慮を続けていた」と回想している。

海上特攻を策する連合艦隊に対し、遊撃部隊司令官の伊藤は「無意味な下手な使い方をするなよ。不均衡な艦隊だから、総合的にその威力を発揮できるような使い方を考えよ」と水上作戦担当の連合艦隊参謀、三上作夫《みかみさくお》中将に伝えていた。

草鹿が伊藤の下を訪れ、海上特攻の意義を説くも、成算のない作戦に同意するはずもなかった。幾度も説明されても納得しない。悲壮感さえ浮かべる草鹿は終《しま》いに「一億総特攻の先駆けになってもらいたい」と言い放つ。即座に「そうか、それならわかった」と伊藤は答えた。

それでも多くの艦長は「どうせ死ぬならば本土決戦で死なせてほしい」と異議を唱える。誰もが沖縄に辿《たど》り着けると信じていなかった。

全員を黙らせる決め手となったのは「我々は死に場所を与えられたのだ」と言う伊藤の言葉であった。

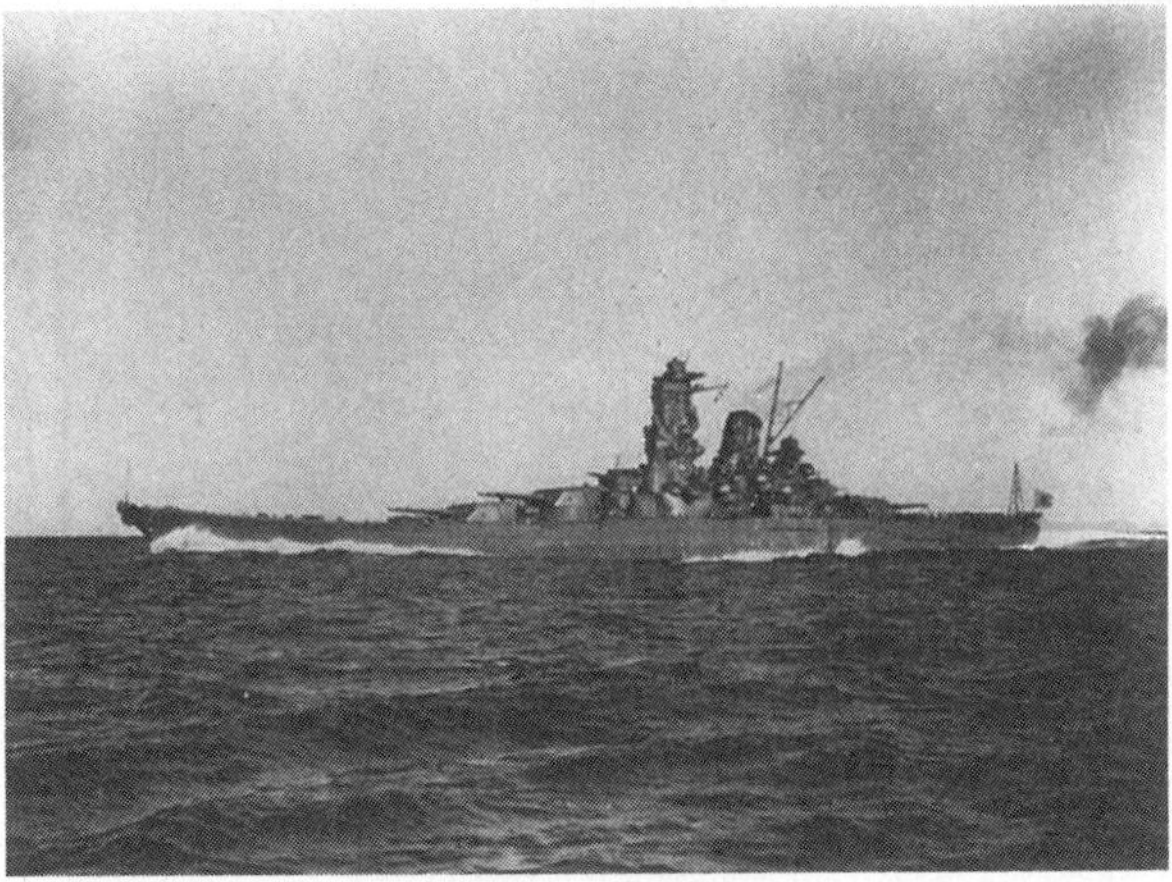
戦艦「大和」

◇「大和」に乗り組むということ

三月三十日に海軍兵学校を卒業した七十四期候補生のうち六十七名が「大和」「矢矧」に乗り組みを命じられ、四月二日、山口の三田尻沖に碇泊《ていはく》中の「大和」「矢矧」に配乗した。

一期二期先輩はすでに最前線で敢闘《かんとう》しており、同期の中で真っ先に最前線に向かう艦艇乗り組みを命じられた六十七名の心中はいかばかりだったろうか。「血湧き肉躍る思いであった」と言うがそれも当然。海軍将兵のみならず国民憧れの「大和」で乗り組みである。

六十七名は先輩士官から新配置に付

第二艦隊司令部。前列左から三
人目が司令長官・伊藤整一中将

く猛訓練を受け、五日に海上特攻が決まる。午後三時、伊藤の訓示後、総員が出撃準備に入る。午後五時三十分、突然、艦内放送がかかった。

「候補生、退艦用意」「候補生、艦長室前へ」

太平洋の防波堤たらんと海兵に入学、艦隊出撃を前に勇み立っていた候補生は怪訝な面持ちで艦長室前に整列、直立不動のまま、艦長の有賀《あるが》幸作《こうさく》大佐の言葉を待った。

「大和乗り組みは皆の長い念願だったと思う。しかし、熟慮の結果、今回の出撃には皆を加えないことになった。出撃を前に退艦することは残念だろうが、皆には第二、第三の大和が待っておるだろう。皆はそれに備えてよく錬磨し、立派な戦力になってもらいたい。ではご機嫌よう」

　そのまま静かに立ち去った有賀の後ろ姿に、我に返った候補生が傍に立つ大和副長、能《の》村《むら》次《じ》郎《ろう》大佐に「我々は大和艦上で倒れる覚悟はできて居ります。いま降ろされては残念です。艦長にお願いして是非連れて行ってください。お願いします」と頭を下げる。

　思い詰めた形相で「お願いします」の大合唱だ。だが、能村は説き聞かせるように声をかける。

「皆をこのまま連れて行っても足手まといになるだけだ。艦長の言う通り、この際、潔く降りることが一番良いと思う。出て行く我々が国のためなら、残る皆もまた国のためなのだ」

　候補生に転勤が正式発令されたのは四月十日付け公報だった。配置に付けない病人や補充要員も退艦した。

　伊藤は出撃に当たって信号を発する。

　　神機《しんき》将《まさ》ニ動カントス　皇国ノ隆替繋リテ此ノ一挙ニ存ス　各員奮戦敢闘会敵ヲ

必滅シ以テ海上特攻ノ本領ヲ発揮セヨ

《第一遊撃部隊》
第二艦隊司令部司令長官　伊藤整一中将
　参謀長　森下信衛少将
　先任参謀　山本裕二大佐
旗艦　戦艦「大和」　艦長　有賀幸作大佐
第二水雷戰隊司令部司令官　古村啓藏少将
　参謀　廣瀬弘大佐
　参謀　松原瀧三郎大佐
軽巡洋艦「矢矧」　艦長　原為一大佐
第十七駆逐隊　駆逐艦「磯風」「濱風」「雪風」司令　新谷喜一大佐
第二十一駆逐隊　駆逐艦「朝霜」「霞」「初霜」司令　小瀧久雄大佐
第四十一駆逐隊　駆逐艦「冬月」「涼月」司令　吉田正義大佐

◇戦艦「大和」蒼海に沈没

戦艦「大和」を沖縄西方海面に突入させるという電報を受けた第三十二軍は、長の発案により、「戦略持久」から「積極攻勢」に転ずることが決まっていた時であり、全将兵の勇気を奮い立たせる。しかし、軍司令部は制空権も制海権も失っている沖縄の現状を鑑み、あまりにも危険と判断する。

牛島名で打電する。

――ゴ厚志ハ感謝スルガ、時機尚早ト考察スルノテ　海上特攻ノ出撃ハ取止メラレタシ

現地を預かる第三十二軍の制止があろうとも、「大和」は出撃する。もはや成算を度外視した戦略戦術により、戦争続行という目的のみが残されていた。

徳山湾を出撃した第一遊撃部隊は二十時二十分、豊後水道付近で浮上敵潜水艦を発見、探知する。

米潜水艦「ハックルバック」は二十一時二十分、「大和」を確認する。

翌七日八時、海軍次官から「天皇陛下が戦捷御祈念御代拝として高松宮を伊勢神宮に御差遣《さけん》」を入電する。

八時十五分、ヘルキャット索敵隊が「大和」発見、「大和」も八時四十分、敵機七機を発見するが、本格的空襲にはまだ時間がかかると判断する。

十一時三十五分、敵機二編隊以上が七十キロ以内に接近したことを探知した。天候は曇小雨模様、雲量十、雲高一～二キロ、南寄りの風、風速十二メートル。天候から来襲敵機は少ないと判断した。

機関故障で隊列から遅れていた「朝霜」が十二時八分、「艦上機見ユ」「敵機ト交戦中」「三十数機ヲ探知ス」と立て続けに発信した後、消息を絶つ。「大和」も十二時二十八分、敵機発見、十二時三十二分に百五十機を確認、対空砲撃を開始する。

十二時四十分、急降下爆撃機四機が爆弾投下、後部に二発命中、後部指揮所と電探、後部副砲が破壊される。間髪置かず雷跡三本、左舷前部一本命中。約二百機の戦闘機、爆撃機、雷撃機が同時に複数方向から「大和」「矢矧」を目がけ、襲来する。この第一波で「矢矧」が航行不能、「濱風」沈没、「冬月」ロケット弾命中、「涼風」火災と、瞬く間に第一遊撃部隊は編成できないほど大損害を受ける。しかしながら、まだこの時点では大和の損害は少なく、大和だけは沖縄到達の期待を懐かせた。

徳山湾出撃後の「大和」の航路

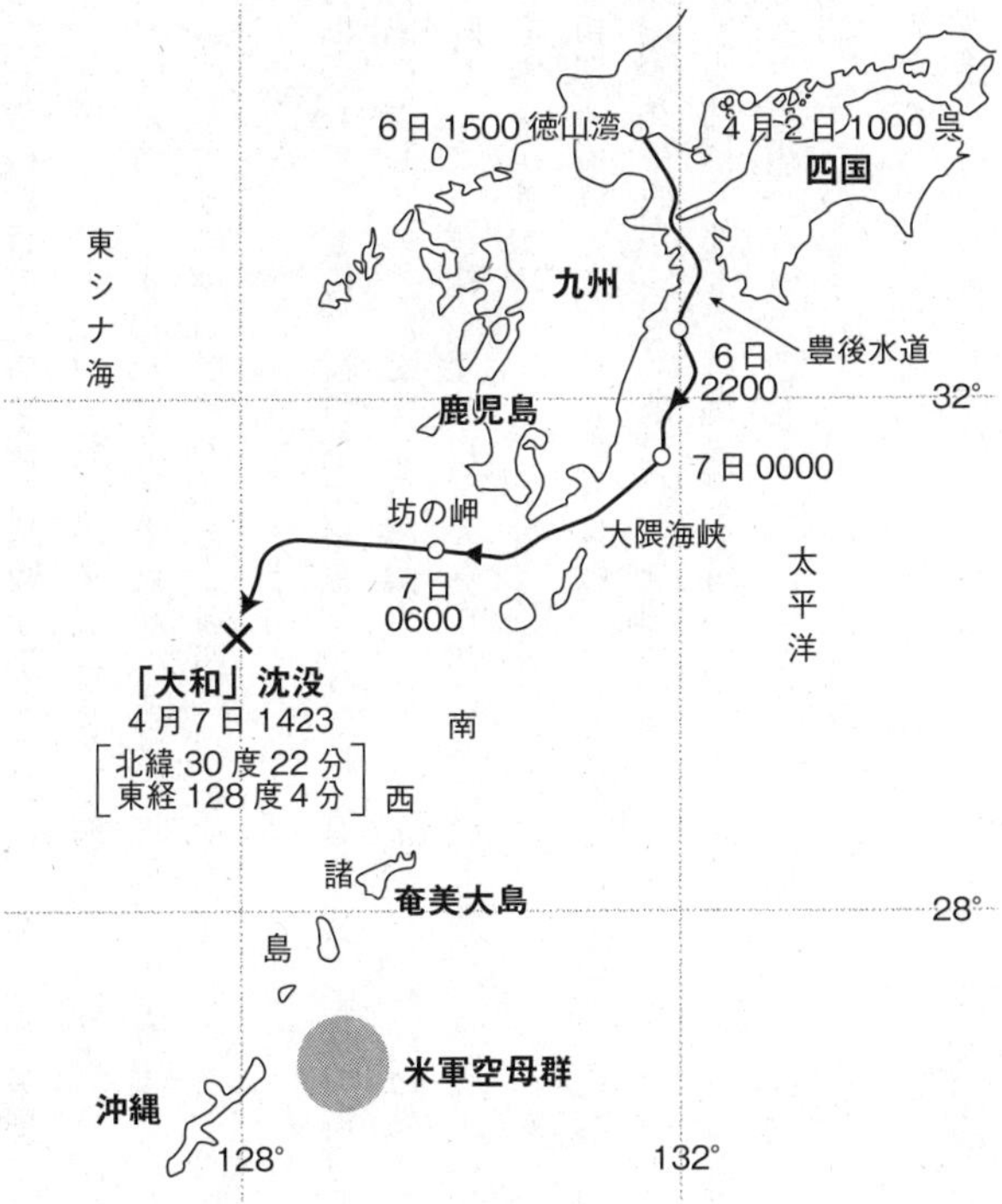

十三時三十分、敵機約百五十機来襲、猛攻を加える。航行不能の「矢矧」は五十機から魚雷七本、爆弾十二発を受け、沈没する。「磯風」も速力低下する。

操艦不能となった帝国海軍の旗艦である戦艦「大和」に最期が訪れようとしていた。左に大きく傾き、巨大な訓練用標的のごとく波間にただ浮かんでいる。十四時二分、爆弾三発命中、十二分、魚雷二本命中、十七分、魚雷一本が命中した。

副長、能村は艦長の有賀に「総員最上甲板」を進言、有賀が号令機で告げるが、間に合わず、艦内に閉じ込められたままの将兵も多い。司令長官の伊藤は残っている兵一人ひとりの眸《ひとみ》を捉え、答礼しながら、大きく傾いた階段を艦橋下の長官休憩室に下りて行き、扉を固く閉ざす。

有賀は防空指揮所の羅針儀に体を縛り付け、第一艦橋でも航海長の茂木史朗中佐と掌航海長の花田泰祐中尉が主羅針儀に身体を縛り付ける。

第九分隊長、服部信六郎大尉は御真影を持って私室に鍵を掛け、暗号士も暗号書や軍機書類を抱き、艦橋暗号室に閉じこもり、「大和」と運命を共にする。十四時二十分、「大和」はゆっくりと横転する。

昭和二十年四月七日十四時二十三分、鹿児島坊ノ岬沖北緯三十度二十二分東経百二十八度四分、前後砲塔が誘爆し大爆発、濛々《もうもう》たる黒煙を上げ真っ二つになり、蒼海《そうかい》に沈んだ。

「大和」では戦死二千七百四十名、その他の艦船は戦死九百八十一名、合わせて三千七百二十一名が海上特攻作戦に殉じる。

帝国海軍の象徴だった「大和」沈没で、日清戦争以来の栄えある帝国海軍連合艦隊は事実上全滅した。

第十章　撤退

◇一カ月で五キロの前進しか米軍に許さず

米軍は沖縄攻略を一ヵ月で終わらせ、沖縄を橋頭堡として、本土上陸の準備に入る計画だった。だが、五月になっても依然、日本軍の堅い防御線を突破するには至らない。

米太平洋方面総司令官のニミッツは四月二十四日、「米軍は沖縄本島の三分の二を征服し、次の作戦として日本と中国への追撃基地として使う時が近づいた。沖縄を獲得すれば、海と空の兵力を中国沿岸と日本本土に向けることが可能になり、将来の作戦を円滑にスピードアップすることができる」と発表する。日本軍の捨て身の猛攻に晒され、進攻が遅れていると指摘を受ける前に、攻略間近と喧伝《けんでん》するためであった。

同じ頃、ＡＰ電は「米軍三個師団は沖縄南部での最大級の全面攻撃で若干前進しただけである。ニミッツ提督は『嘉数高地は何度か敵味方の攻守を変えた』との声明を発表。沖縄南部でシーソー戦を続け、日本軍と第二十七師団は嘉数高地の激しい争奪戦を繰り広げている」と報じている。

第三十二軍から見れば、四月十二日の総攻撃は米軍の反撃を受け多大な損害を生じ、完全に失敗したが、米軍にとっては思わぬ攻撃であり、部隊再編と第二十七師団の増

米軍の沖縄上陸から沖縄戦集結まで

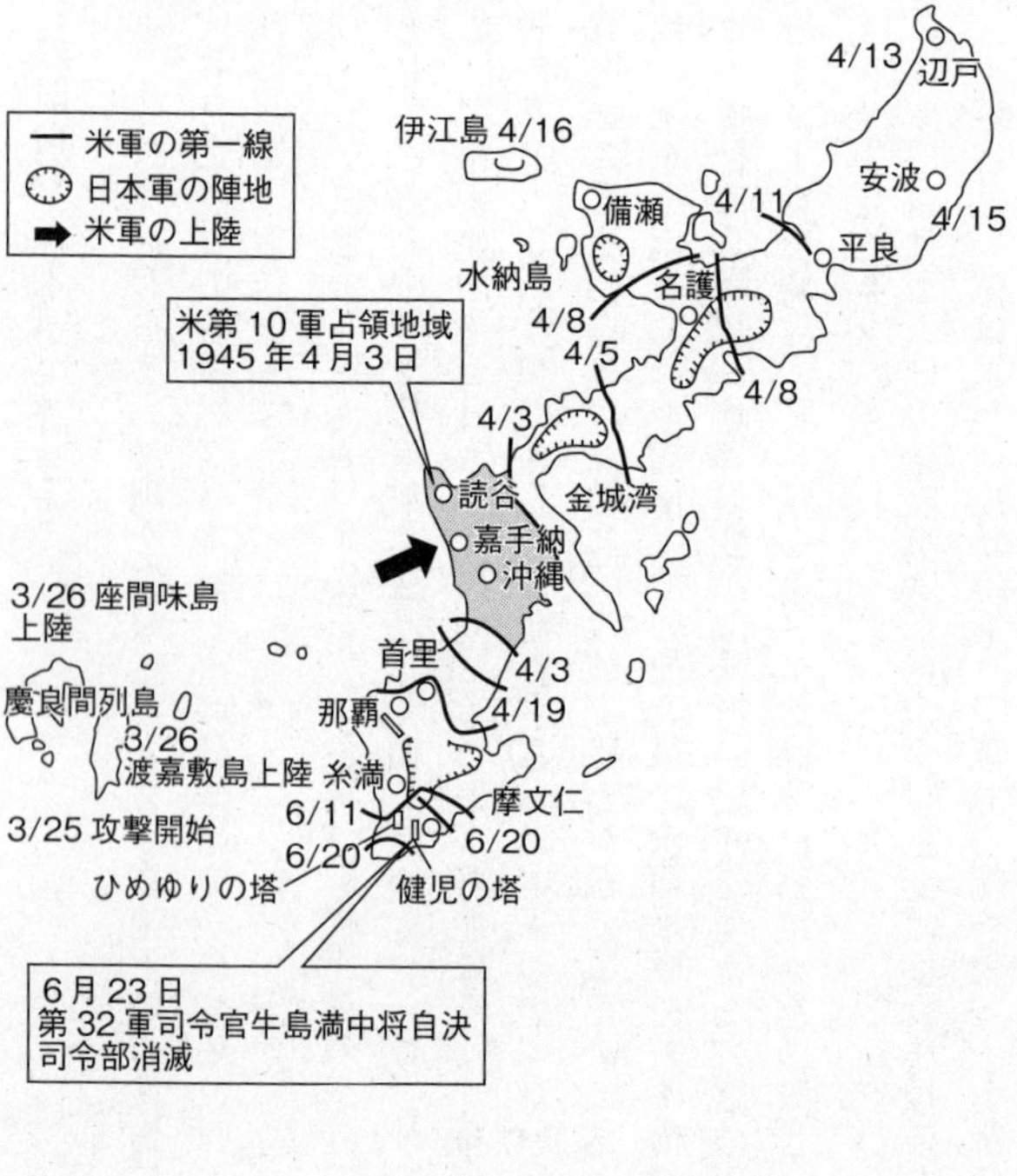
米軍の第一線
日本軍の陣地
米軍の上陸
伊江島 4/16
4/13
辺戸
安波
4/11
4/15
備瀬
平良
水納島
名護
米第 10 軍占領地域
1945 年 4 月 3 日
4/8
4/5
4/8
4/3
読谷
金城湾
嘉手納
沖縄
3/26 座間味島
上陸
首里
4/3
慶良間列島
那覇
4/19
3/26
渡嘉敷島上陸
糸満
摩文仁
6/11
3/25 攻撃開始
6/20
6/20
ひめゆりの塔
健児の塔
6 月 23 日
第 32 軍司令官牛島満中将自決
司令部消滅

援を要請する。

「鉄の暴風」と呼ばれた米軍の嵐のような物量作戦に対し、第六十二師団は起伏が激しい地形を利用して陣地を構築して迎え撃ち、米三個師団にわずか三個大隊で抵抗した。ときに猛烈な銃砲撃を加え、ときに激しい白兵戦を仕掛け、ときに手榴弾片手の決死隊が敵弾薬庫を爆破するなど、あらゆる攻撃を試みる。

圧倒的兵力に挑む日本軍の戦死者は増え続け、米軍報告によると、五月一日までの日本軍戦死者は二万九千百七十三名に上った。第六十二師団は半分以上の兵力を失っていた。しかし、十倍以上もの兵力の米軍に対し、一カ月で五キロの前進しか許さなかった。

四月十日頃までの死傷者に限れば、日本軍二千二百七十九名、米軍約二千六百名と強大無比の米軍の方が多く、日本軍は見事な防御を行ったことがよくわかる。

牛島は第六十二師団に感状を授与する。

◇最初で最後の叱責

全戦場で日本軍、米軍ともに血塗られた死闘が一カ月にわたり展開されている。だが、首里の「天の岩戸戦闘司令所」では梅雨の纏わり付くような湿り気を帯びた空気が充満していた。度重なる参謀長、長勇の「積極攻勢」と高級参謀、八原博通の「戦略持久」の対立である。

「現状のまま守勢でいると、軍の戦力はろうそくの如く消耗する」とする長の提案に「攻撃は軍の勢力を短くする」と反論する。

結局、威勢のいい長に各参謀が賛成、五月四日の総攻撃が決まる。「君にも幾多の考えがあろうが一緒に死のう。どうか攻勢に心良く同意してくれ」と長は落涙し、八原を説得した。

総攻撃準備を始めても、不承不承の態度が見える八原を牛島は呼び止め、軍司令官室に呼ぶ。

「貴官は攻勢の論議が出る度に反対し、軍司令官が攻勢を決意してからでも、何とも沈鬱な表情で三十二軍司令部全体の空気を悪くしている。すでに三十二軍は運命をかけて攻勢に決定したのである。かかる重大な時機に高級参謀たる者が気勢をそぐようなことがあってはならない」

八原が牛島から叱責を受けるのはこれが最初で最後だった。

五月四日の総攻撃を米第十軍のレポートからみる。

日本軍は沖縄本島にかなり激しい空襲を行う。嘉手納海岸に爆弾投下。読谷飛行場に二～七機編成の航空機が三波にわたり空襲。第二十四軍の背後に日本兵五十～二百人が逆上陸。日本兵を満載した上陸用舟艇多数を沖合で撃沈。上陸に成功した集団もすぐに追い詰め壊滅。第七師団と第一海兵師団に日本軍の強力な反撃。空襲―逆上陸―反撃は日本軍の一斉攻撃の一部であり、明らかに戦局の流れを変えようとの動きである。日本軍の陸、海、空全ての反撃は失敗、日本軍の航空機多数を撃墜。

米軍陸軍省戦史編纂部がまとめた記述もある。

五月も末近くになると、これまで二カ月も戦いを続けてきた米軍では多くの兵士がはたして首里は陥落するだろうか、あるいは生き延びて、この目で陥落を見ることができるだろうかと、いぶかりだしてきた。

戦病者は数えきれぬほどで、多くが神経症、「戦闘疲労症」だった。海兵二個師団で六千三百十五名、陸軍四個師団で七千七百六十二名で、原因は日本軍の猛烈な大砲や迫撃砲による集中攻撃。ほかにも米軍の神経に障害を与えたものに、日本軍の狂信的な、しかも絶え間なく行われる肉弾戦があった。

圧倒的優勢のはずの米軍も開戦以来かつてない日本軍の猛攻撃に悩まされている様子がわかる。

五日午後六時、牛島は八原を軍司令官室に呼び出した。

「貴官の予言通り攻撃は成功しなかった。軍司令官として身の不明を恥じるのみである。これ以上、攻撃を続ければ、三十二軍の玉砕は自明である。軍の任務としてはこれは何としても避けなければならぬ。軍司令官として攻撃中止を決定した。ただちに全軍に対し、攻撃中止を伝達し、旧陣地に復帰するように処置して欲しい。なお、貴官は今後も忌憚《きたん》なき意見を述べて、いままで以上に軍司令官、参謀長を補佐してくれ」

普段通り、訥々《とつとつ》と穏やかに述べる牛島に対し、八原は言わぬことはないとばかりに苦り切った表情を崩さない。

最後の総攻撃を強行し、すっかり自信を喪失した長は切腹を図るが、牛島に叱責され、中止する。通りがかった八原に「まだわしの切腹の時機は来んかの」と言う始末であった。

◈「戦略持久」のため南部撤退を決断

米軍の圧力は凄まじく、夜襲攻撃を仕掛ける日本軍の抵抗をはねつけ、じりじり前進を続け、首里陣地に迫る。

軍司令部に勤務していた女性たちの撤退も決まった。

「私たちは初めから皆様と一緒に死ぬ覚悟でおりましたのに、いまとなって退けとはあまりにひどい」

「私たちはもはや、女とは思っておりません。皆様は女だと思われるから、後退などと申される」

口々に不満を述べる。心ならずも、リュックを背負い列を組んで司令部を去る女性に「おーい、敵弾で一思いに死ぬのはいいが、大切な顔にけがするなよ」と見送りの兵士から声がかかると、大きな拍手が沸き起こった。

半円状に首里に押し込められている第三十二軍に残された戦略は少ない。

このまま首里で戦闘を続行するか、唯一遮断されていない後方に撤退するかの二者択一しか残されていない。当初計画では首里に構築した陣地に立てこもり、最後の一兵まで戦い、玉砕するはずだった。食糧や弾薬の備蓄もあり、陣地や天然の洞窟に潜み、戦闘を継続すれば、まだ戦えるはずであった。沖縄県民の心の拠り所である首里で玉砕することは全将兵の暗黙の了解でもあった。

しかし、本土決戦を遅らせるために沖縄戦を長引かせるという沖縄作戦の当初目的を遂行するために、「南部撤退」が最善であると、八原は考えていた。合理的戦術家にとり、長と対立しても譲歩しなかった「戦略持久」が維持されることが第一義であり、民衆に危害が及ぶことは結果でしかなかった。

牛島と長の了解を取った上で、八原は今後の軍の方針について、各兵団の参謀長、高級部員を軍司令部に召集、協議する。長が欠席している場で「南部撤退」の一任を取り付け、その後に長と牛島の決裁を仰ぐつもりであった。

一、首里複廓案　現在の首里複廓陣地で戦闘続行。生存将兵五万内外。直径一キロ以内の狭い範囲に大兵力を配置すれば米軍の餌食になる。

二、知念半島方面後退案　断崖絶壁に囲まれ対戦車戦闘には有利だが、残存兵を収容しきれず、知念半島方面への集積物資も少ない。

三、南部の喜屋武《きゃん》半島撤退案　良好な防御地点で第二十四師団の集積物資もあり、後退や物資の後送も有利。

八原の巧みな誘導に各兵団は「南部撤退」を支持する。しかし、最前線で体を張って防御線を死守、すでに半分以上の兵力を失い、師団編成も困難な第六十二師団参謀長、上野だけは首里玉砕を主張する。

「新たに後図を策する余力はない。首里洞窟には後送至難な幾多の重傷兵が充満していて後送する余力もなく軍需品後送の輸送機関もない。師団としてこれらに戦友を見捨てて知念や喜屋武方面に後退することは情として忍び得ない。師団は将兵の大部《だいぶ》が戦死した現戦線で最後まで闘いたい」

それでも八原は南部撤退案を押し通す。長に協議内容を説明した後、「本土決戦を少しでも有利ならしめるためにはできる限り長く抗戦を続けるべきです」と説得する。ただ死に場所を探しているだけのようになってしまった長は八原案を承諾し、決裁する。

何事も部下を信頼する牛島は参謀長と高級参謀決裁済みの書類を独断で破棄するわけにはいかず了承する。これで新たなる悲劇が始まる五月二十九日撤退が決まる。

◇軍の撤退は戦術としては正答だったが……

軍の戦術として正答であっても、撤退する軍と行動をともにした県民の犠牲を増やしたのは事実である。沖縄県民の死者は軍人軍属二万八千二百二十八名、戦闘参加者五万六千八百六十一名、一般三万七千百三十九名。このうち一般民衆の多くは北部に避難できず、南部に撤退する彷徨中に死亡した。軍と住民が豪雨の泥をすするように撤退する。壕にすでに避難している住民を軍が作戦のためとして、猛爆が降り注ぐ中に追い出した例も多くある。

薩摩型指揮官「うどさあ」は最良最適な策を提案、意見具申できる有能な部下に恵まれてこそ能力が発揮できる。教育者の牛島軍司令官――猪突猛進の長参謀長――合理的戦術家の八原高級参謀の指揮系統は陸軍が規範とする人事配置のはずだった。しかし、史上最大規模の陸海空の戦闘、参謀本部と現地第三十二軍、陸軍と海軍、島内の軍隊と民間、様々な場面で要素が複雑に絡み合った沖縄作戦では、これまでの戦略戦術に長けた指揮系統だけでは機能できなかったといえる。

八原が会議を開いた同じ二十二日、米軍も幕僚会議を開き、第十軍司令官、バック

首里の沖縄県立第一中学校＝昭和二十年七月三日

ナーは「日本軍第一線部隊全将兵が首里陣地に留まるものと考える。日本軍が後方に撤退するとは思えない」と述べる。二十五日の報告でも記されている。

押収書類、捕虜陳述及び航空写真は敵が最後まで首里地区を固守する意図であることを明示している。

梅雨の土砂降りの中、軍司令部は五月三十日、摩文《まぶ》仁《に》に移動する。第二十四師団、独立混成第四十四旅団、第六十二師団などが順次撤退、六月四日までに約三万名が新配置に付いた。首里では約五万名の兵力だったことから、二万名が首里に置き去りにされたか、撤退中に死傷したとみられる。

首里には撤退に同行できない傷病兵が数多く残っており、「各々日本軍人として辱《はずか》しくないように善処せよ」と長が指示したとされる。傷病兵の多くは平素教育されたように天皇陛下万歳を三唱し、手榴弾や爆弾、薬品で自決する。

新配置に着いた三万の兵力といえども正規将兵の八割以上を首里戦線で失っており、大半が未訓練の補充兵と現地召集の防衛隊だった。歩兵銃も三、四人に一挺の有様だったが砲はまだ半分は保持していた。この陣容で七～八キロの防衛線を戦うしかなかった。

《新陣地推定兵力》

第二十四師団　一万二千名

第六十二師団　七千名

独立混成第四十四旅団　三千名　軍砲兵隊　三千名

◆海軍は日本軍人らしく玉砕を選択

陸海軍中央協定に基づき、牛島指揮下に入っていた海軍部隊は米軍上陸後、那覇の西に位置する小禄飛行場近くの小禄を拠点に地上戦闘を行っていた。

沖縄方面根拠地隊司令官は大田實少将で、高潔なる牛島の人格と誠実な大田の人格が合致し、陸海軍協調は円滑に機能していた。

軍歴の大部分を陸戦隊に勤務し、「海軍歩兵少将」と呼ばれた大田指揮下に約九千四百名が配備されていた。しかし、空港設営隊などの後方要員が多く、地上戦闘訓練を受けた陸戦隊将兵は約三千名にすぎなかった。元々、小銃は各隊の三分の一で、機銃も航空機用を地上旋回銃に改造、手榴弾各二、三発と武装兵器もわずかな上、米軍上陸後、陸軍指揮下に将兵二千五百名、迫撃砲の大部分を首里戦線に投入し、小禄に残っているのは工員を主力とする自作の槍を手にした「槍部隊」だけだった。

第三十二軍首里撤退の命令を受けた大田は重火器を破壊、衣服も周辺住民に分配し二十六日夜、南部に撤退を始める。しかし、海軍が命令を誤解したとされ、第三十二軍司令部から、「過早後退」と断じられ、「海軍部隊は六月二日以降」と復帰命令を受ける。二十八日、海軍の名誉にかけても小禄に引き返した。

なぜ誤解が生じたのだろうか。二十五日に打電された「退却作戦指導要領」には「軍占領地域の中央部地区に位置し、軍の総予備となる」とあり、海軍南部撤退は明記されていない。「退却作戦指導要領」には「海軍部隊は現陣地のほか、有力な一部をもって長堂西方高地を占領し、軍主力の後退を掩護する。後退の時機は全般の作戦推移を考察し、軍司令官が決定する」とあり、日時撤退場所など明確な命令は記され

海軍沖縄方面根拠地隊
司令官・大田實少将

ていない。慌ただしい撤退準備の最中、「戦況に応じ、逐次修正された」とあり、別の文言の命令が出された可能性はないだろうか。この撤退復帰が海軍沖縄方面根拠地隊の悲運であった。

裸同然で小禄に引き返してきた根拠地隊はまさに「槍部隊」に過ぎなかった。米軍は目前に迫り、根拠地隊は連合艦隊に打電する。

陸軍運ビキレザル迫撃砲弾三〇〇〇発アリ今此処ニ迫撃砲一〇門ノ夜間空輪ヲ得バ大ナル戦力ヲ発揮シ

迫撃砲が届く前の六月四日、米軍は小禄飛行場北部地区に上陸開始。大田は南部撤退を諦め、小禄死守を決め、関係方面に打電した。

四日早朝小禄地区海正面ヨリ敵上陸開始ノ為激戦ヲ展開スルニ至リシ為遂ニ陸軍部隊ニ合同不可能ノ状態ニ至レリ　海軍部隊ハ最後ノ一兵ニ至ル迄小禄地区ヲ死守セントス　本職ハ三日司令部ヲ小禄第九五一空戦闘指揮所ニ移転作戦指導中

孤立した海軍部隊は小禄で日本軍人らしく玉砕するという電報であった。

終章　玉砕

◇手榴弾の破片が残る海軍司令壕

那覇空港（当時の小禄《おろく》飛行場）から車で十五分ほどの豊見城市豊見城の高台にある「海軍司令部壕跡」は数回の遺骨収集後、昭和四十五（一九七〇）年に縦横にめぐらされた壕のうち、三百メートルが復元されている。

入り口から約三十メートル、百五段の階段を下りると、真夏でも冷んやりとする。主通路は幅二・五メートル高さ二メートルのカマボコ型に掘り抜いた横穴をコンクリートと漆喰で固めている。その他の通路は幅一メートルで、いまでも地下陣地として使用できそうだ。

四畳半ほどの作戦室の隣にある幕僚室は手榴弾で自決した際の破片の跡が点々と白壁に生々しく残る。下士官兵室、暗号室、信号室などに守られるように中央に司令官室があった。

大田は最期までここで指揮を執っていた。部屋中央の机の上には花瓶に花が生けられ、今でも司令官が存在するかのようでもある。

壁には「神州不滅」「醜米撃滅」の文字と、大田の愛唱した歌の墨痕《ぼっこん》がある。

大君の　御はたのもとに　死してこそ　人と生まれし　甲斐ぞありけり

五日になり、軍主力の摩文仁撤退を完了した牛島から海軍部隊に撤退命令が出る。

しかし、すでに戦闘中の大田は、

「思い残すことなく残存部隊を率いて小禄地区を頑守し、武人の最期を全うせんとする考えである」

と返電した。

小禄死守は米軍進攻を妨害する効果はあるが、無力な海軍部隊を全滅させることは忍びがたいとして、牛島は後退命令を再電し、自ら親書を送る。


海軍部隊ガ人格高潔ナ大田将軍統率ノ下陸軍部隊ト渾然一体ニナリ勇戦敢闘セラレ沖縄作戦ニ偉大ナル貢献ヲ為サレタコトハ予ノ感激ニ堪エサルトコロテアルソノ任務ヲ完遂シタ今日、ナオ孤立無援、小禄陣地ヲ死守セントスル壮烈ナ決意ニハ満腔ノ敬意ヲ表スルガ、陸軍ニ先立チ海軍ノ全滅スルハ到底予ノ忍ヒ得ナイトコロデアル　海軍部隊ノ後退ハ状況上ナオ可能デアル　貴部隊カ速ヤカニ陸軍部隊ト合一サレ最期ヲ同ジクサレンコト切望ニ堪エズともに人格者で知られる牛島と大田はともに懇意であったが、大田は頑なに小禄死守を押し通す。背景には帝国海軍として「過早後退」と断じられた撤退――復帰のボタンの掛け違いがあると推測される。生還者も、

「あの大田少将の断固たる姿勢には後退が早過ぎるとして小禄に復帰させられた怒りがある」

としている。

米軍は六日、小禄飛行場と周辺海岸を制圧。海軍部隊は半径二キロの狭い範囲に包囲され、洞窟陣地の頂上を占領、頭上から攻撃される「馬乗り攻撃」を受け、追い詰められる。

◇沖縄県民斯ク戦へリ

夕刻になり、大田は訣別と辞世の句を打電する。

戦況切セリ　小官ノ報告ハ本電ヲ以テ此処ニ一先ヅ終止符ヲ打ツベキ時機ニ到達シタルモノト判断ス　ゴ了承アリ度

身はたとへ　沖縄の辺に朽つるとも　守り遂ぐべし　大和島根は

夜になり、沖縄県民の献身的協力に感謝する電報「沖縄県民斯《か》ク戦ヘリ」を海軍次官宛に発信する。

沖縄県民ノ実情ニ関シテハ県知事ヨリ報告セラルベキモ県ニハ既ニ通信力ナク三十一軍司令部又通信ノ余力ナシト認メラルルニ付　本職県知事ノ依頼ヲ受ケタルニ非ザレドモ現状ヲ看過スルニ忍ビズ之ニ代ツテ緊急御通知申上グ

沖縄島ニ敵攻略ヲ開始以来　陸海軍方面　防衛戦闘ニ専念シ　県民ニ関シテハ殆ド顧ミルニ暇《いとま》ナカリキ　然レドモ本職ノ知レル範囲ニ於テハ県民ハ青壮年ノ全部ヲ防衛召集ニ捧ゲ　残ル老幼婦女子ノミガ相次グ砲爆撃ニ　家屋ト財産ノ全部ヲ焼却セラレ僅《わずか》ニ身ヲ以テ軍ノ作戦ニ差支ナキ場所ノ小防空壕ニ避難　尚　砲爆撃下[redacted]風雨ニ曝《さら》サレツツ　乏シキ生活ニ甘ンジアリタリ　而《しか》モ若キ婦人ハ率《そっ》先《せん》軍ニ身ヲ捧ゲ　看護婦炊事婦ハモトヨリ　砲弾運ビ挺身斬込隊スラ申出ルモノアリ　所詮《しょせん》敵来リナバ老人子供ハ殺サルベク　婦女子ハ後方ニ運ビ去ラレテ毒牙ニ供セラルベシトテ　親子生別レ娘ヲ軍衛門ニ捨ツル親アリ　看護婦ニ至リテハ軍移動ニ際シ衛生兵既ニ出発シ　身寄《みより》無キ重傷者ヲ助ケテ[redacted]真面目ニシテ一時ノ感情ニ馳セラレタルモノトハ思ハレズ更ニ軍ニ於テ作戦ノ大転換アルヤ自給自

海軍司令部壕跡

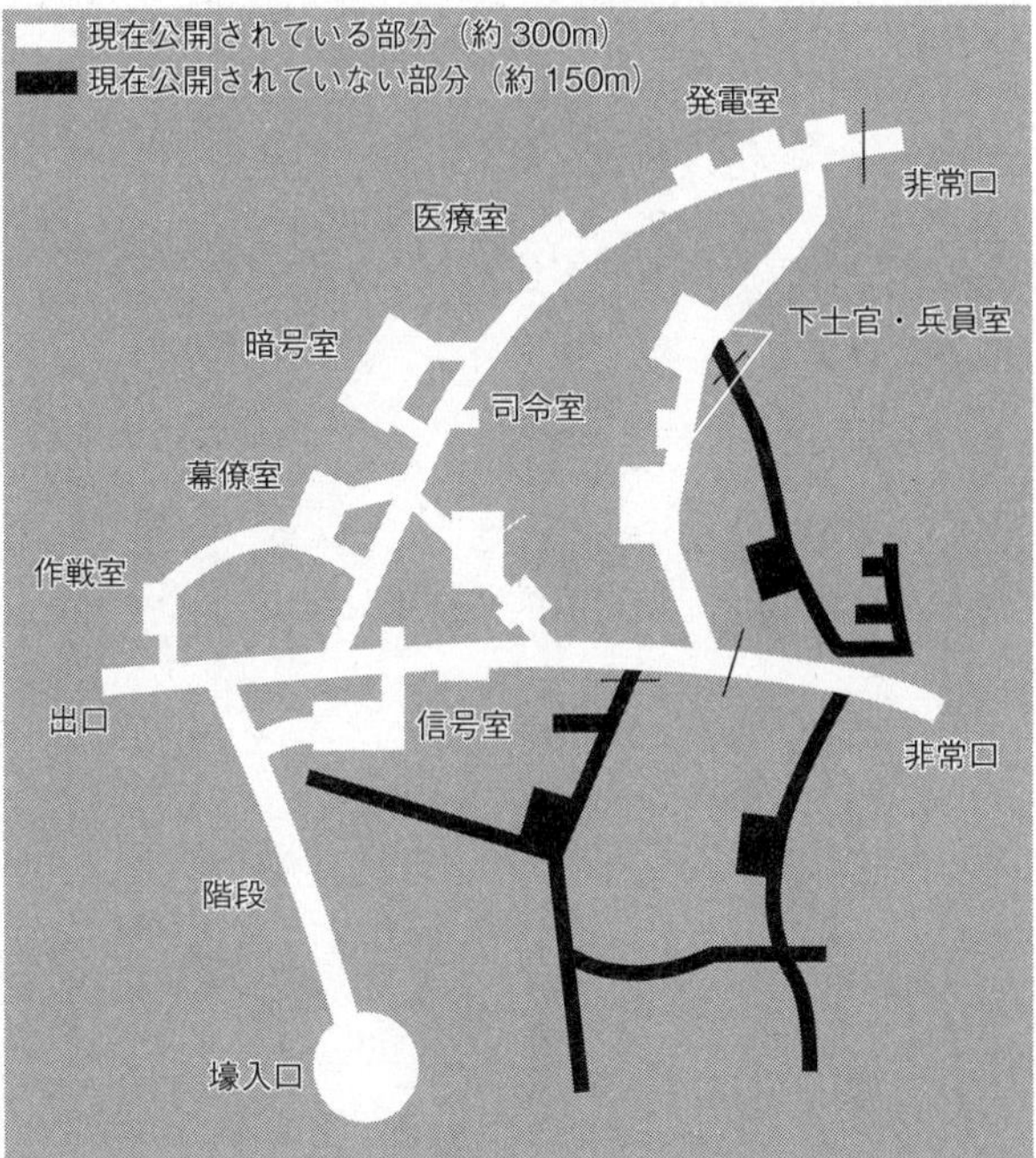
現在公開されている部分（約 300m）
現在公開されていない部分（約 150m）
発電室
非常口
医療室
下士官・兵員室
暗号室
司令室
幕僚室
作戦室
出口
信号室
非常口
階段
壕入口

足夜ノ中ニ遥《はるか》ニ遠隔地方ノ住民地区ヲ指定セラレ　輸送力皆無《かいむ》ノ者　黙々トシテ雨中ヲ移動スルアリ　之ヲ要スルニ陸海軍沖縄ニ進駐以来　終始一貫　勤労奉仕物資節約ヲ強要セラレテ　御奉公ノ■■ヲ胸ニ抱キツツ遂ニ■コトナクシテ本戦闘ノ末期ト沖縄島ハ実情形■一木一草焦土ト化セン　糧食六月一杯ヲ支フルノミナリト謂フ　沖縄県民斯《か》ク戦ヘリ　県民ニ対シ後世特別ノ御高配ヲ賜ランコトヲ

（■は不明部分）

《現代語訳》

沖縄県民の実情に関して、権限上は県知事が報告すべき事項であるが、県はすでに通信手段を失っており、第三十二軍司令部もまたそのような余裕はないと思われる。

県知事から海軍司令部宛に依頼があったわけではないが、現状をこのまま見過ごすことはとてもできないので、知事に代わって緊急にお知らせ申し上げる。

沖縄本島に敵が攻撃を開始して以降、陸海軍は防衛戦に専念し、県民のことに関してはほとんど顧みることができなかった。

にもかかわらず、私が知る限り、県民は青年壮年が全員残らず防衛のための召

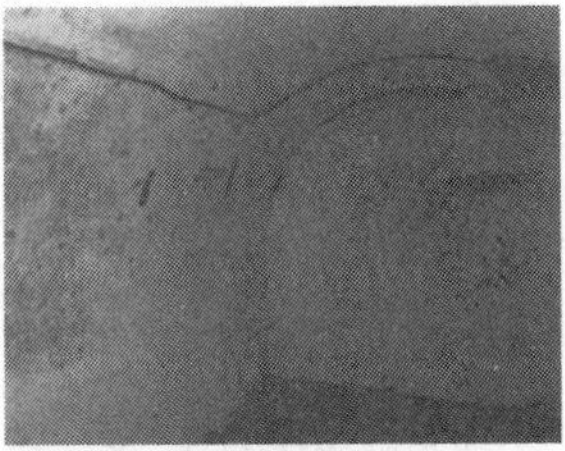

白い壁には幕僚が自決した際
の手榴弾の破片跡がくっきり
と残っている＝海軍司令部壕

海軍司令部壕に通じる階段。
105段、30メートルほど
降りる＝海軍司令部壕

大田實が自決した司令官室。好んでいた歌「大君
の　御はたのもとに　死してこそ　人と生まれし
甲斐ぞありけり」が残されている＝海軍司令部壕

集に進んで応募した。残された老人子供女性は頼る者がなくなったため自分達だけで、しかも相次ぐ敵の砲爆撃に家屋と財産を全て焼かれてしまってただ着の身着のままで、軍の作戦の邪魔にならないような場所の狭い防空壕に避難し、辛うじて砲爆撃を避けつつも風雨に曝《さら》されながら窮乏した生活に甘んじ続けている。しかも、若い女性は率先して軍に身を捧げ、看護婦や炊事婦はもちろん、砲弾運び、挺身斬り込み隊にすら申し出る者までいる。

どうせ敵が来たら、老人子供は殺されるだろうし、女性は敵の領土に連れ去られて毒牙にかけられるのだろうからと、生きながらに離別を決意し、娘を軍営の門のところに捨てる親もある。

看護婦に至っては、軍の移動の際に衛生兵が置き去りにした、頼れる者のない重傷者の看護を続けている。その様子は非常に真面目で、とても一時の感情に駆られただけとは思えない。

さらに、軍の作戦が大きく変わると、その夜の内に遥かに遠く離れた地域へ移転することを命じられ、輸送手段を持たない人達は文句も言わず雨の中を歩いて移動している。

つまるところ、陸海軍の部隊が沖縄に進駐して以来、終始一貫して勤労奉仕や物資節約を強要させられたにもかかわらず、ご奉公の念を胸に抱きつつ、遂に■■与えることがないまま、沖縄島はこの戦闘の結末と運命を共にして草木の一本も残らないほどの焦土と化そうとしている。

食糧はもう六月一杯しかもたない状況であるという。

沖縄県民はこのように立派に戦い抜いた。

県民に対し、後世、特別のご配慮をしていただくことを願う。

防衛隊として戦闘に加わった青年男子、看護婦や炊事婦として手伝った婦女子、家屋敷を焼かれ壕に避難する悲惨さ、遠く指定された避難地区までの雨中の行軍など沖縄戦での県民の様子を本土の海軍上層部に送り、県民の奮闘努力を後世に残そうとする大田の執念が伝わってくる一文である。

◇最後の招集と自決

小禄西方の高地を奪取した米軍は豊見城方面に攻撃してくるが、撃退。各方面とも圧倒的兵力の米軍に少ない火砲で「槍部隊」とは思えぬ死闘を継続する。

米軍も徹底抗戦と記している。

第二十六海兵隊に対し、中程度から強程度までの抵抗あり。日本軍は各地の拠点から機関銃、迫撃砲、二〇ミリ砲、小火器攻撃をかける。場所不明の陣地から間断的に攻撃をかけ、那覇―奥武山にかかるベイリー橋の構築を妨げている。日本軍はその孤立陣地と拠点から徹底抗戦を続け、午後にはさらに抵抗が強まる。

七日午後、大田は指揮下将兵に、

「決戦段階に入り、急いで功をあせらず、強靱な作戦により戦果をあげるように。予は七四高地にあり」

と訓示する。

牛島から十日、真情を吐露する最後の電報（原文不明）と親書が届き、大田は謝礼を返電した。

小禄地区ハ敵ヲ邀《むか》ヘ一周日ニ際シ御懇電ニ接シ感激ニ堪エズ

司令部に合流した部隊ともに十一日、最後の一太刀に打って出る。陣地を抜け出し、敵後方を攪乱する遊撃戦で、

「弾尽きるまで激闘を交え多大の出血を強要せり」

と第三十二軍に報告後、訣別電報を発する。


敵戦車群ハ我司令部洞窟ヲ攻撃中ナリ　根拠地ハ今十一日二三三〇玉砕ス　従前ノ厚誼ヲ謝シ貴軍ノ健闘ヲ祈ル

午後八時、最後の召集がかかる。壕の通路に整列した約二百七十名の前に大田以下六人の幕僚が並び、機関参謀の山田弘國少佐が声を上げる。

「司令官及び幕僚は、本日自決される。これまで諸官と共に随分奮闘したが、遂に敗れた。しかし、友軍は必ず逆上陸して、沖縄島を奪回すると信じる。自力で行動できる者は最後まで生き延び、地理に明るい諸官が逆上陸軍に協力してくれ。自力で行動できぬ者は、残念ながら自決してくれ。自力で行動できる者は、只今から自由行動を取れ」

「どうか死んでくれ」

と軍医が泣きながら打つ注射や手榴弾などにより動けない傷病兵約三百名が自決する。民間人の女性も手榴弾で運命を共にする。呻き声や手榴弾の爆発音に混じり拳銃の発射音がした。

十三日一時、大田の最期だった。

海軍部隊の通信は十二日十六時に途絶。第三十二軍に投入した兵力を除き約五千五百名のうち約四千名が小禄戦線で戦死する。

動ける将兵は遊撃戦に移行、なおも頑強に抵抗を続けるが、帝国海軍は沖縄戦線において、陸海ともに全滅した。

小禄の死闘の米軍死傷者一千六百八名。海軍部隊の抵抗の激しさを示している。

◆衰えぬ日本軍と住民の士気

南部陣地を防御する兵力三万と数字上では大兵力であるが、軍主力の第六十二師団、第二十四師団、独立混成第四十四旅団の正規の将兵は当初の五分の一に減り、大半は後方部隊からの補充兵や現地召集兵だった。小銃は人員の三〜四分の一、歩兵重火器は十分の一しかなかった。半面、歩兵隊と比較すると、砲兵隊の損失は少ないが、十五センチ加農砲二門、十五センチ榴弾砲《りゅうだんほう》十六門、高射砲十門、十センチ榴弾砲三門、

洞窟に潜む日本軍将兵を火
焔砲戦車で攻撃する米軍

臼砲《きゅうほう》二門だけが運用できる火砲のすべてだった。この戦力だけで、沖縄南端二十平方キロを範囲に追い詰められたことになる。

だが、米軍記録では、日本軍と住民ともに士気に衰えは見えない。米第二十九海兵隊が六月五日、住民を収容所に移送中、住民が手榴弾を米兵に投げつけ、三人にけがを負わせ、抵抗した住民五人が殺害される。隠し持っていた手榴弾を米軍施設に投げようとし、阻止される者もいた。捕虜になった将兵の確信に満ちた証言もある。

「牛島将軍は生存しており、糸満一帯に司令部を移している。正確な場所は知らない」

「斬り込み隊は全員、ライフル銃を所持している。連隊は驚くほど少なくなった武器弾薬を逆に自慢している。つまり武器は持たずとも米軍と戦えるのだ」

五月二十九日に念願の首里陥落を果たし、とどめを刺すべく南下してきた米軍は六月五日、第四十四旅団正面に姿を現し、全線にわたり両軍が激戦。六日には八重瀬岳北側に米第二十四軍が進攻し、集中攻撃でいったんは撃退するが、七日には独立混成第四十四旅団正面に猛攻を仕掛ける。

第四十四旅団は戦車十六両を伴う攻撃を受け、砲兵の対戦車射撃と爆薬の補給を要求する。部隊の戦力低下でどうすることもできない砲兵隊はほぞを噛む思いであった。

米軍の艦砲、砲兵、迫撃砲、戦車砲と順に進攻、徹底的に破壊した後に歩兵が進む損害少なく着実に前進する戦術の前に日本軍は急速に戦力を喪失していく。特に壕の奥深くまで火を放つ火焔砲戦車の威力は凄まじかった。防御線の陣地は徐々に崩壊。六月十七日、防御線を突破される。

摩文仁の司令部で戦況報告を受けた牛島が長に漏らす。

「沖縄県民はよく尽くしてくれた。たとえ、日本のどこかが戦場になったとしても、これ以上の協力はないであろう。沖縄の住民を戦の道連れにすることはまことに忍びがたい」

傍らに立っていた沖縄出身衛生司令の浜川昌也軍曹はその言葉を心に刻みつける。

米軍は海上の艦艇から日本語での宣伝放送を繰り返す。

「住民諸君、生命は保証する食糧も薬品も与える、今のうちに早く港川方面に避難せよ」

「兵士諸君、諸君は日本軍人の名に背かず、実によく戦った。諸君の任務は終わったのである。これ以上、戦闘を続けるのは無意味である。生命は保証するから今すぐ海岸に下りて我々の船に泳いで来い」

降伏を促す宣伝放送にもかかわらず、昼夜を問わず、少人数での決死の斬り込み隊が各陣地から飛び出し、米陣地を襲う。同行のタイム誌記者に、

「日本軍の狂信的な猛烈な抵抗」

と言わしめる。

◇降伏勧告と米軍最高司令官の戦死

沖縄攻略を指揮する第十軍司令官のバックナーは十一日、牛島宛に降伏勧告を出す。戦況が乱れており、届いたのは十七日だった。

歩兵戦術の大家である牛島将軍よ。予もまた歩兵出身の指揮官である。貴官が孤立無援のこの島で劣勢な兵力を率い、長期にわたり善戦せられたことは予始め我が軍将兵の称賛措《お》くあたわざるものである。この上、残虐な戦闘を継続し、有為な多数の青年を犠牲にするのは真に忍びえないし、また無益である。人格高潔な将軍よ、速やかに戦いを止め、人命を救助せられよ。明日十二日摩文仁沖の軍艦上に当方の軍使を待機せしむるをもって、貴軍においても軍使五名を選び、白旗を持たせ同海岸に差し出されよ。

「武士として受けるわけにはいかないな。いつの間にか、俺も歩兵の大家にされてしまったな」

読んだ牛島は破顔一笑した。

牛島が勧告を受けるとは考えていない米軍は降伏勧告を拒絶した牛島は全軍を破滅に導こうとする利己主義な考えであり、将兵は同調すべきでないとする宣伝ビラ三万枚を航空機でばらまいた。

バックナーの降伏勧告が司令部に届いた翌日の十八日、思わぬ報告が上がる。「最高指揮官バックナー戦死」の報だった。

バックナーは六月十八日昼すぎ、喜屋武《きやん》半島真栄里《まえざと》の第二海兵師団第八海兵連隊の前線観測所に立ち寄る。同連隊が初めて沖縄作戦に参加し、上陸したところだった。

午後一時十五分、日本軍の砲弾が観測所真上で破裂、吹き飛ばされた岩石を胸に受け、その場に崩れ落ちた。救護所に運ばれたが、十分後に死亡した。野戦重砲兵第一連隊第二大隊はバックナーを認識し、九六式十五糎榴弾砲で観測所を集中攻撃したとされる。首里陥落後から沖縄戦終結まで米軍は一千五百五十五名の戦死者を出したが、バックナーもその一人だった。中将での戦死は米軍の大戦での最高階級の戦死で、現在までも同様である。

「バックナー戦死」の報で玉砕間近の摩文仁の司令部壕では歓声が上がる。しかし、牛島は渋い顔で、

「惜しい人を亡くした」

とつぶやいた。八原の回想がある。

「牛島軍司令官の自決に先立ち敵将を討ち取った愉快さを感じたが、牛島将軍は少しも嬉しそうなところがなく、むしろ困ったというようであった。その様子は我々が牛島閣下の前で人の批評をした際に困った顔をされるのが常であったが、それと同じであった。私は今更ながらこの将軍は人間的になかなか偉いなと思った」

◇最後の命令

第四十四旅団は孤立しながらも奮戦し、独立歩兵第十二大隊、第十三大隊も米軍を阻止しようと勇戦するが、戦力は尽き、組織的戦闘は不可能となる。三カ月あまりの長期にわたり米軍を苦しめた第三十二軍の運命も終わろうとしている。十八日夕刻、牛島は参謀次長、第十方面軍司令官宛に訣別電を発する。

大命ヲ奉シ挙軍醜敵《しゅうてき》撃滅ノ一念ニ徹シ勇戦敢闘茲《ならび》ニ三箇月全軍将兵鬼神ノ奮励努力ニモ拘ラス陸海空ヲ圧スル敵ノ物量制シ難ク戦局正ニ最後ノ関頭ニ直面セリ　麾下《きか》部隊本島進駐以来現地同胞ノ献身的協力ノ下ニ鋭

意作戦準備ニ邁進シ来リ敵ヲ邀フルニ方ツテハ帝国陸海軍航空部隊ト相呼応シ将軍等シク皇土沖縄防衛ノ完璧ヲ期セシモ　満（牛島の名）不敏不徳ノ致ストコロ事志《ことこころざし》ト違ヒ今ヤ沖縄本島ヲ敵手ニ委セントシ負荷ノ重任ヲ継続スル能ハス　上陛下ニ　対シ奉リ下国民ニ対シ真《まこと》ニ申訳ナシ　茲ニ残存手兵ヲ率ヰ最後ノ一戦ヲ展開シ一死以テ御詫《わ》ヒ申上クル次第ナルモ唯々重任ヲ果シ得サリシヲ思ヒ長恨《こん》千載《ざい》ニ尽ルナシ

最後ノ決闘ニ当リ既ニ散華セル麾下数万ノ英霊ト共ニ皇室ノ弥栄《いやさか》ト皇国ノ必勝トヲ衷心ヨリ祈念シツツ全員或ハ護国ノ鬼ト化シテ敵ノ我カ本土来寇ヲ破摧《はさい》シ或ハ神風トナリテ天翔ケリ必勝戦ニ馳セ参スルノ所存ナリ　戦雲碧々《へきへき》タル洋上尚小官統率下ノ離島各隊アリ　何卒宜敷ク御指導賜リ度切ニ御願ヒ申上ク

茲ニ平素ノ御懇情、御指導竝ニ絶大ナル作戦協力ニ任セラレシ各上司竝ニ各兵団ニ対シ深甚ナル謝意ヲ表シ遙ニ微衷ヲ披瀝シ以テ訣別ノ辞トス

矢弾尽き天地《あめつち》染めて散るとても　魂還《たまかえ》り魂還り皇国《みくに》護らん

秋をも待たで枯れ行く島の青草は帰る御国に甦らなむ

牛島は翌十九日、最後の軍命令を出した。

「全軍将兵の三カ月にわたる勇戦敢闘により遺憾なく軍の任務を遂行し得たるは同慶の至りなり　然れども今や刀折れ矢尽き軍の運命旦夕に迫る　すでに部隊間の指揮は至難となれり　爾今各部隊は各局地における生存者中の上級者之を指揮し最後迄敢闘し悠久の大義に生くべし」

二十二日になり、摩文仁周辺の銃声が止んだ。司令部守備隊は全滅したと思われる。二十三日午前四時三十分、摩文仁の丘にて第三十二軍司令官、牛島満が自刃した。即日、帝国陸軍最後の大将に進級。この日、軍事史上最も苛烈な死闘八十三日間の沖縄戦が終結した。

米国の戦史家ビーニス・フランクは、

「窮乏に落ち込んでも、牛島将軍の部隊が最後まで健闘したことは伝統、訓練、奉仕の精神によるもので、米国人には理解し難いものがあった」

と評価している。

日本軍戦死九万四千百三十六名（うち沖縄県出身二万八千二百二十八名）、住民のうち戦闘参加戦死者五万五千二百四十六名、一般住民三万八千七百五十四名。

多くの犠牲を強いることになった牛島は謝罪の意味を込め、自刃した。最期まで西郷隆盛と同じく生涯を通じ守った規範に従い、義に殉じた。

　玉砕後も残された将兵は山中に籠もり抵抗を続けた。看護婦や衛生兵らからなる山本義中中尉率いる山城挺身隊《やまぐすく》もその一つだった。終戦後の八月三十日、解散式で山本が最後の訓示をする。

「昭和二十年八月二十九日をもって、山本挺身隊百十四名の編制を解く。日本は戦争に敗れた。しかし国民が生きている以上、国も民族も滅びないと信じる。我々は最後まで戦い抜いた。そのため何一つ悔ゆるところも思い残すこともない。我々は自ら投降したのではなく、天皇陛下が命令を下されたので、戦闘を停止し、武装を自ら解除せんとするものである。今後、我々は米軍によってどのような待遇を受けるか全くわからない。それがどうあろうとも、日本軍人、日本人としての誇りを堅持し、堂々と胸を張って行動しよう」

　声を張り、さらに続ける。

「沖縄県出身者は一歩前へ」

「我々は志に反し、このように君たちの郷土を破壊し荒廃させた。そして諸君の親兄弟、肉親を始め多くの同胞を惨憺たる殺戮戦に巻き込み、償いようのない犠牲を強いるに至った。すでに泉下に眠る牛島司令官もその十字架を未来永劫に背負っていかれるだろう。僭越と思うが、私は第三十二軍の将兵を代表し、沖縄県民に対し、深く深くお詫びを申し上げる。

最後に沖縄の山野に、海に、空に散った我らの戦友と同胞の英霊に対し、黙禱を捧げようではないか。黙禱」

文庫版あとがき

戦後、米雑誌社が選んだ第二次世界大戦の名将十人に日本人の二人が取り上げられた。硫黄島の戦いの栗林忠道陸軍大将と、沖縄戦の牛島満陸軍大将。五日で陥落させると豪語した米と三十六日間にわたり過酷な戦闘を指揮した栗林と、一ヵ月もあれば占領できると見込んでいた五十五万名の米軍と八十三日間の死闘を展開、米戦死者は一万二千名以上に上った沖縄戦を指揮した牛島。ともに米軍に予期せぬ多大な損害を与えた名将である。だが、日本ではその評価は分かれている。住民疎開に成功し戦闘部隊だけの孤島での戦いと、住民が残ったままの沖縄で戦闘状態に陥り、民間人に多くの戦死者を出した。ここに評価の差があるのではないだろうか。

硫黄島を含む小笠原諸島では島民約六千八百名を伊豆諸島や本土へ強制疎開させた。

硫黄島二万名、他の島でも艦砲射撃で残留した島民義勇隊など約四千五百名が戦死した。

当時、沖縄の人口五十九万人。すでに制海権を失っている沖縄から本土や台湾に移動させることは極めて困難だった。九州や台湾に六千五百名の学童疎開に成功した直後、鹿児島の吐噶喇列島付近で、対馬丸が米潜水艦の攻撃を受け、子供ら約一千五百名が犠牲となった。以降、疎開事業は遅々として、進まなくなる。

日本陸海軍は約九万五千名、戦闘に参加した住民が約五万五千名、一般住民も約三万八千名が戦死した。軍と民間人の犠牲者数がほぼ同じである。あまりにも住民の被害が苛烈だったかがわかる。

終戦後までも衛生兵や看護婦を率い抵抗を続けた山本義中の解散式での言葉が残っている。

「沖縄出身者は一歩前へ。我々は志に反し、このように郷土を破壊し荒廃させた。諸君の親兄弟を始め多くの同胞を殺戮戦に巻き込み、償いようのない犠牲を強いるに至った。すでに泉下に眠る牛島司令官もその十字架を未来永劫に背負っていかれるだろう。諸君を通じ沖縄県民に対し、深くお詫びを申し上げる」

第三十二軍司令官、牛島も同じ心中だったに違いない。昭和二十年六月二十三日午前四時三十分、摩文仁の丘で自刃する。

米軍事評論家ハンソン・W・ボールドウィンは「日本軍の攻撃は創意に満ち、決死的であった。高価な代償を払った沖縄の教訓を生かさなければならなかった」と分析。米軍が当初、計画していた本土上陸作戦は実現しなかった。沖縄戦で戦死した十八万八千名が日本を守ったことになる。

令和七（二〇二五）年、沖縄戦から八十年を迎える。「沖縄は人間の忍耐力と勇気の叙事詩であった」とボールドウィンは表現。英首相チャーチルが「軍事史上、もっとも苛烈でもっとも有名な戦い」と評した沖縄戦を指揮した牛島満は日本人が忘れてはならない悲劇の名将である。

令和六年四月

将口泰浩

牛島満の生涯と当時の世界の動き

和暦	西暦	牛島満	世界の動き
明治 二十	一八八七	七月三十一日 東京に生まれる	
二十七	一八九四	四月 鹿児島市山下尋常小学校へ入学	七月 日清戦争
三十三	一九〇〇	四月 県立第一鹿児島中入学	義和団の乱
三十四	一九〇一	二月 熊本陸軍地方幼年学校入学	
三十七	一九〇四		二月 日露戦争
三十九	一九〇六	五月 陸軍士官学校入学（二十期）	
四十一	一九〇八	五月 陸軍士官学校卒業	
大正 二	一九一三	陸軍大学校入校	中華民国成立
七	一九一八	八月 初陣でシベリア出兵	
十	一九二一	野村君子と結婚	

十二	一九二三		九月　関東大震災
十三	一九二四	歩兵第四十三連隊大隊長	
十四	一九二五	県立第一鹿児島中学校配属将校	学校軍事教練始まる
昭和六	一九三一	陸軍戸山学校教育部長	九月　満州事変
八	一九三三		三月　国際連盟脱退
十	一九三五		相沢事件（永田軍務局長殺害）
十一	一九三六	歩兵第一連隊長として北満守備	二・二六事件
十二	一九三七	歩兵第三十六旅団長として北中に出動	七月　盧溝橋事件
十四	一九三九	陸軍中将 第十一師団長として北満国境警備	五月　ノモンハン事件
十六	一九四一	十二月　陸軍公主嶺学校長	十二月　日米開戦
十七	一九四二	四月　陸軍士官学校長	六月　ミッドウェー海戦
十九	一九四四	八月　第三十二軍司令官	七月　サイパン島守備隊玉砕
二十	一九四五	五月三十日　首里から撤退 六月二十三日　摩文仁の丘で自決	四月一日　米軍沖縄上陸 八月十五日　終戦

主な参考文献一覧

阿部牧郎『豪胆の人　帝国陸軍参謀長・長勇伝』祥伝社文庫
稲垣武『沖縄　悲運の作戦　異端の参謀八原博通』光人社
上原正稔（訳編）『沖縄戦アメリカ軍戦時記録』三一書房
牛島満伝刊行委員会『沖縄軍司令官　牛島満伝』春苑堂書店
大城立裕『悪石島　学童疎開船対馬丸の悲劇』おりじん書房
奥田鑛一郎『沖縄軍司令官　牛島満』芙蓉書房
上地一史『沖縄戦史』時事通信社
小松茂朗『沖縄に死す』光人社
神直道『沖縄かくて潰滅す』原書房
高橋正衛『二・二六事件　昭和維新の思想と行動』中公新書
田村洋三『沖縄県民斯ク戦ヘリ　大田實海軍中将一家の昭和史』講談社文庫
柘植久慶『詳説　統帥綱領　日本陸軍のバイブルを読む』ＰＨＰ新書
外山操（編）『陸海軍将官人事総覧』芙蓉書房
ハンソン・Ｗ・ボールドウィン『勝利と敗北　第二次世界大戦の記録』朝日新聞社
ビーニス・フランク『沖縄　陸・海・空の血戦』サンケイ出版
福川秀樹（編）『日本陸軍将官辞典』芙蓉書房出版
米国陸軍省（編）・外間正四郎（訳）『沖縄　日米最後の戦闘』光人社

防衛庁防衛研修所戦史室『戦史叢書「沖縄方面陸軍作戦」』朝雲新聞社
防衛庁防衛研修所戦史室『戦史叢書「沖縄方面海軍作戦」』朝雲新聞社
防衛庁防衛研修所戦史室『戦史叢書「沖縄・台湾・硫黄島陸軍航空作戦」』朝雲新聞社
防衛庁防衛研修所戦史室『戦史叢書「大本営陸軍部」』朝雲新聞社
マーティン・ギルバート『第二次世界大戦　人類史上最大の事件』心交社
八原博通『沖縄決戦　高級参謀の手記』読売新聞社
山本義中『沖縄戦に生きて　一歩兵小隊長の手記』ぎょうせい

単行本　平成二十四年七月「魂還り魂還り皇国護らん」改題　海竜社刊

NF文庫

死闘の沖縄戦
米軍を震え上がらせた陸軍大将牛島満

二〇二四年五月二十一日 第一刷発行
著 者 将口泰浩
発行者 赤堀正卓
発行所 株式会社 潮書房光人新社
〒100-8077 東京都千代田区大手町一-七-二
電話/〇三-六二八一-九八九一(代)
印刷・製本 中央精版印刷株式会社
定価はカバーに表示してあります
乱丁・落丁のものはお取りかえ致します。本文は中性紙を使用

ISBN978-4-7698-3359-8 C0195
http://www.kojinsha.co.jp

NF文庫

刊行のことば

第二次世界大戦の戦火が熄《や》んで五〇年——その間、小社は夥しい数の戦争の記録を渉猟し、発掘し、常に公正なる立場を貫いて書誌とし、大方の絶讃を博して今日に及ぶが、その源は、散華された世代への熱き思い入れであり、同時に、その記録を誌して平和の礎とし、後世に伝えんとするにある。

小社の出版物は、戦記、伝記、文学、エッセイ、写真集、その他、すでに一、〇〇〇点を越え、加えて戦後五〇年になんなんとするを契機として、「光人社NF（ノンフィクション）文庫」を創刊して、読者諸賢の熱烈要望におこたえする次第である。人生のバイブルとして、心弱きときの活性の糧《かて》として、散華の世代からの感動の肉声に、あなたもぜひ、耳を傾けて下さい。